SAGE, SAUVAGE ET LIBRE

ISBN : 978-2-412-06345-3
Dépôt légal : avril 2021
Imprimé en France

Illustrations : Julie Céré
Correction : Isaline Picard
Mise en pages : Frédéric Voisin

Éditions First, un département d'Édi8
92, avenue de France - 75013 Paris • France
Tél : 01 44 16 09 00 • Fax : 01 44 16 09 01
Email : firstinfo@efirst.com
Site Internet : www.editionsfirst.fr

Imprimé en France par SEPEC - 07781210225

IMPRIM'VERT®

SAGE, SAUVAGE ET LIBRE

Claire Garin
Illustrations de Julie Céré

FIRST
ÉDITIONS

À celles et ceux qui veulent croire que tout est possible, qui sont prêts à rêver plus grand et à danser tout au long du chemin. Puisse ce livre nous rappeler que notre vie est faite pour être vécue pleinement et que, en s'alignant avec les désirs de son âme, notre chemin contribue à nourrir celui des autres plus profondément.

SOMMAIRE

PRÉFACE 7

AVANT-PROPOS 11

INTRODUCTION 31

L'HISTOIRE DU QOYA 39

LES TROIS ESSENCES DU QOYA :
SAGE, SAUVAGE ET LIBRE 47

Sage : la puissance de l'intuition 49

Sauvage : l'expression brute et créative 61

Libre : la liberté de bouger et de vivre dans son corps 67

LES 13 PILIERS DU QOYA :
UNE ARCHE D'EXPLORATION 73

Pilier 1 : créer un espace sacré 79

Pilier 2 : l'authenticité 97

Pilier 3 : le plus court chemin pour revenir dans son corps ... 111

Pilier 4 : le féminin cyclique 123

Pilier 5 : suivre son cœur 137

Pilier 6 : nos hanches hébergent notre histoire 149

Pilier 7 : le Qoya comme prière 163

Pilier 8 : de l'intérêt d'explorer l'ombre 179

Pilier 9 : secouez-vous ! 199

Pilier 10 : bouger ensemble, le chemin vers la joie 213

Pilier 11 : réclamer sa liberté 223

Pilier 12 : la communauté qui soigne 235

Pilier 13 : le badge d'honneur de la fatigue 251

CONCLUSION 271

REMERCIEMENTS 277

PRÉFACE[1]

1. Traduite de l'anglais par l'auteure.

Cher et chère ami·e,

Lorsque je réfléchis à mon expérience avec Claire, je suis confortée dans ma conviction que nous sommes tous liés. Que tout ce que nous faisons et ne faisons pas est en quelque sorte entrelacé. Les expériences de Claire transmettent la remémoration de la magie, de l'enchantement et la révérence de l'étincelle de vie qui anime chaque être vivant de nos semblables, des animaux, des arbres à la terre que nous foulons. Elle a retrouvé sa capacité à voir les signes du monde, que l'on dit invisibles, et à entendre les prières que l'on dit sans voix. Elle a dansé, pour retrouver son courage, comme une personne qui tourne en rond dans le labyrinthe de la vie et en est ressortie pour offrir les choses qu'elle a apprises sur son chemin… en espérant qu'elles pourront être utiles à celles et ceux qui sont attirés par ces enseignements, en ces temps de transformation.

La sensibilité de Claire est son super pouvoir. Sa capacité à ressentir profondément lui permet d'avoir de la compassion pour ceux qui souffrent, tout en possédant une vision de guérison et d'espoir. Elle s'est engagée sur la voie de l'intégrité et du service. Avec gratitude pour tous ceux qui la croisent et lisent ses mots, elle apporte son humour, sa créativité et sa joie de vivre.

Alors qu'elle vous emmène dans un voyage à travers les désirs, les peines et les pratiques de notre cœur, elle vous guide dans la vérité de votre propre cœur. Par le Qoya, elle vous offre son expérience de vie comme un pont, pour que vous puissiez, aussi courageusement, passer d'habitudes de conditionnement à des possibilités de choix.

Cette invitation n'est pas un conte de fées, c'est une invitation sincère à regarder la façon dont vous et nous en tant que culture, avons vécu. Tant de nos emplois du temps et de nos modes de vie sont insoutenables au long terme. Il doit y avoir une nouvelle voie et Claire est passionnément curieuse d'explorer les outils qui nous aideront à y parvenir tous ensemble.

En lisant ceci, ressentez-vous l'appel dans votre corps ? Il peut s'agir d'une sensation de connaissance dans vos os, d'un sentiment dans vos tripes, de l'énergie dans votre colonne vertébrale. Je vous encourage à vous faire confiance. C'est ce que Claire offre finalement à chacun de nous : une histoire sur les petites et grandes décisions que nous prenons chaque jour. Au lieu de choisir de nous aligner sur les attentes extérieures, nous renforçons notre esprit pour rester avec la vérité dans notre cœur. John Lennon chante : « *You may say I'm a dreamer, but I'm not the only one*[2] ». Puissions-nous tous nous souvenir du pouvoir que nous avons de rêver ensemble d'un nouveau monde.

Avec amour,
Rochelle Schieck, fondatrice du Qoya.

2. « Vous pouvez dire que je suis un rêveur, mais je ne suis pas le seul », extrait du titre *Imagine* de John Lennon.

AVANT-PROPOS

De l'enfance à l'adolescence, j'ai tour à tour voulu être danseuse, enseignante, traductrice puis écrivain, en plus de quelques autres idées plus éphémères. J'ai tout laissé passer pour finalement devenir éducatrice spécialisée, portée par mon désir brûlant de lutter contre les injustices et contribuer à un monde plus juste. J'ai souvent travaillé avec des femmes, à Montréal au Canada, puis à Paris. Puis, j'ai occupé d'autres postes, toujours avec des adultes dans des situations précaires, très souvent en lien avec des problématiques de santé mentale. Dans ce milieu, fût-il épuisant et drainant, j'ai sincèrement aimé ce que je faisais ainsi que les personnes – les bénéficiaires – et mes collègues qui m'accompagnaient dans ce chemin.

Durant cette période, mon intérêt pour le développement personnel et les pratiques spirituelles s'est accentué, notamment lors de ma découverte du reiki, lors d'un stage au Canada en 2008. Inspirée par ces façons non traditionnelles mais puissantes de soigner, je me suis formée au reiki, puis à la sophrologie, tout en continuant d'exercer dans le social.

En 2015, au cours d'un voyage au Népal, je me suis retrouvée au cœur du séisme qui a dramatiquement dévasté le pays. Cette catastrophe naturelle produisit l'effet d'un électrochoc sur ma vision de la vie et d'un accélérateur pour entrer dans le chemin de mon âme. Durant cette même année, j'ai participé à *Burning Man*, un festival d'expression libre niché dans le désert du Nevada. Les personnes que j'y ai rencontrées et l'énergie générée par cet endroit m'ont transpercée et propulsée à rêver d'une autre vie. Dans les mois qui ont suivi, j'ai quitté mon travail pour me lancer en tant que thérapeute et enseignante en soins alternatifs, ou entrepreneure spirituelle. J'ai commencé à organiser des sessions mêlant sophrologie et reiki, et à former d'autres personnes au reiki. Tout juste quelques mois après, je découvris le

Qoya et en tombai amoureuse. Il a révolutionné ma vie, plus qu'elle ne l'était déjà. Aujourd'hui, je suis professeure certifiée, formatrice des professeures de Qoya et en charge du développement de la communauté de Qoya française et en francophonie.

Parallèlement, après avoir quitté le milieu social, j'ai commencé à voyager, à tel point que je suis officiellement devenue nomade quelques années après. J'ai exploré le Qoya comme une manière de vivre ma vie, d'incarner pleinement les enseignements auxquels je crois et à titre de chemin initiatique.

Mais surtout, le Qoya est bien plus que mon travail, c'est le fil qui continue à transformer toute ma vie en profondeur. Ma relation au Yoga illustre tout cela.

En 2009, plusieurs années avant de découvrir le Qoya, et ayant déjà un fort appétit pour les explorations spirituelles, j'étais à Dharamsala en Inde quand je suis allée prendre mon premier cours de Yoga. Quel meilleur endroit pour atteindre l'illumination ? À cet instant précis, je m'imagine déjà devenir une Yogi tranquille, qui enchaîne les postures et porte sur son visage l'air bienheureux de la sagesse.

Pourtant en face d'une incroyable montagne enneigée, après dix minutes assise ma colonne vertébrale me brûle. Je m'ennuie et me pose mille questions. Je deviens ma pire juge : « Tu devrais te sentir bien. Tout le monde a l'air de se sentir bien. Pourquoi est-ce que tu n'es pas capable d'apprécier le moment ? C'est un cadre magnifique. Tu dois vraiment avoir un problème ! » Le cours me semble pénible de bout en bout et ma perspective de trouver la grâce dans le Yoga s'éloigne.

De retour en France, je décide de continuer le Yoga et retente de prendre des cours régulièrement. Sans exception, tous mes cours sont un festival de questionnements internes, d'autodénigrement de mes émotions et de mes pensées et d'inconfort physique. Je ne trouve aucun plaisir dans mon corps pendant un cours de Yoga, mon unique plaisir est celui de correspondre à l'image que je veux me créer de moi. La vérité est que toute ma vie, ou presque, était vécue dans cette même énergie : faire ce que j'imaginais devoir faire, quite à ne jamais ressentir de plaisir dans mon corps.

L'auteure et conférencière Iyanla Vanzant assure que : « **La façon dont on fait une chose est la façon dont on fait toutes choses.** » Ma façon de me forcer à faire du Yoga et d'ignorer que je prenais plus de plaisir à l'idée d'en faire qu'au fait de pratiquer, est effectivement la façon dont je faisais beaucoup de choses dans ma vie. La majeure partie du temps, je n'avais même pas la sensation que je me forçais parce que j'ai grandi dans une société qui valorise le fait de se surpasser et ne pas respecter ses limites au moment où on les ressent. Pour moi, il y avait un déséquilibre majeur entre l'énergie de dépassement (dite plus masculine), dans laquelle je vivais tout le temps, et celle de respect et de douceur avec soi (plus féminine), qui était plus un concept abstrait qu'une réalité.

Pour revenir au Yoga, il s'agit d'une tradition orientale ancienne qui comporte de très nombreux aspects. Ses bienfaits et sa puissance sont indéniables, et j'honore la sagesse ancestrale portée par cette pratique et ceux qui la transmettent. Toutefois, il faut garder en tête que beaucoup de formes de Yoga (les Yogas posturaux et dynamiques notamment) que l'on pratique en Occident ont été amenées par des enseignants masculins. Ces formes de Yoga portent une empreinte énergétique plus masculine, liée à la discipline et au fait d'aller au-delà des signaux du corps pour augmenter la flexibilité, la résistance et la force.

Ma résistance au Yoga était telle que j'en étais arrivée à blaguer, mais pas vraiment, sur le fait d'avoir été sans doute agressée par un Yogi dans une vie passée. Si cette hypothèse n'a de valeur que l'humour, il est clair pour moi aujourd'hui que ma résistance n'est pas envers le Yoga uniquement, mais envers une façon masculine, poussée à l'extrême, d'aborder la vie. Jusqu'à ce voyage en Inde, j'ai avancé dans la plupart des domaines, avec plus ou moins de succès, en m'assurant au mieux qu'ils plaisent aux autres. La peur de déplaire pesait sur moi plus lourd qu'un sac de pierres.

Mon corps et mon être entier ont commencé à se réconcilier avec le Yoga en découvrant le Qoya et l'approche proposée de danser son Yoga. Les mouvements offerts sont les mêmes, mais il n'y a pas de mauvais mouvements ou de correction. Mon corps ne souffre plus et mon mental me fiche enfin la paix.

Et le plus important est que je sais soudainement pourquoi je fais ces mouvements. J'offre ces mouvements pour soutenir mes intentions et celles des femmes avec qui je danse. Je danse comme une façon de prier. Mon âme, qui n'avait jamais vraiment semblé faire partie du voyage lors de mes précédentes expériences qui restaient très mécaniques, trouve dans ce Yoga dansé un moyen d'exprimer cet élan. L'idée d'offrir son mouvement comme une prière réunit mon corps, mon mental et mon âme dans ma pratique et ressemble à une grande expiration de tout mon être. Un endroit de vérité auquel il a toujours aspiré. C'est une façon de me relier au sacré dont je n'aurais jamais osé rêver.

Mettre du sens sur ces mouvements, les offrir comme une prière, bouger d'une manière qui honore notre vérité : c'est l'expérience à laquelle invite le Qoya dans une session, puis éventuellement dans notre vie.

Le Qoya m'a amenée à développer ma créativité dans la façon de vivre ma vie, de construire mon travail, mes projets. Il insuffle le sacré dans chacun de mes pas. Il me ramène constamment à ma vérité de la façon la plus joyeuse, vivante et me rappelle que je peux vivre dans le plaisir et m'engager à la fois. Il me soutient à accepter toutes les parts de moi-même, y compris les plus douloureuses, à les regarder et les honorer. Il est le guide de mon évolution la plus profonde et heureuse. Il est l'un de moyens principaux pour m'engager dans la vie, pour continuer à offrir ma part dans ce monde aux sujets pour lesquels je souhaite dévouer mon énergie : soutenir les femmes – mais également chacun – à utiliser leurs pouvoirs et leur voix et démanteler le système d'oppression dans nos sociétés et en nous-même. Et ce, pour construire une société du soin, une culture nourricière et basée sur des relations justes, relier « bien-être individuel » et « bien-être collectif », en alliant la spiritualité et les combats pour la justice sociale et environnementale, soutenir les individus à devenir la meilleure version d'eux-mêmes pour l'offrir dans ce monde.

C'est aussi dans ce contexte, et inspirée par le Qoya, que j'ai cocréé *Le bûcher*[3], un lieu de l'Activisme Sacré avec mon amie Pauline, aussi professeure de Qoya certifiée.

Parmi d'autres activités, dans mon travail, je danse, j'enseigne et maintenant, j'écris. On peut dire que c'est un gros *check* sur mes rêves d'enfant.

3. www.le-bucher.com

Le Qoya

Le Qoya est une pratique de mouvements, mais pas seulement. Toutes les parts de votre être – corps, mental, âme – sont invitées à partager la même expérience pendant un cours, un atelier, une retraite de Qoya… et c'est plus facile à dire qu'à faire. L'une des expériences communes de l'existence humaine est de « vivre dans sa tête » et croyez-moi, j'ai longtemps eu un doctorat en la matière. Tous mes choix, toutes mes actions étaient passés à la moulinette de mes pensées. Mon mental était le moteur et le guide de ma vie et toute décision demandait à être rationnelle du point de vue de mes pensées pour être valide. Je ne faisais pas confiance à mes ressentis, que je percevais plutôt comme des empêcheurs de tourner en rond, et j'essayais de les neutraliser au mieux par peur d'être envahie et inadaptée. Mon expérience était assez semblable à celle vécue par nombre d'entre nous dans les sociétés occidentales modernes : l'emphase est portée sur nos pensées et notre intellect, souvent très brillants, reléguant nos corps au rang de « véhicule » et dépourvus de « voix » dans nos prises de décisions.

L'expression « Être dans son corps » est de plus en plus répandue, et correspond exactement aux pratiques du Qoya. On revient dans son corps, ou plus exactement dans la conscience de son corps, ce qui inclut de passer de la réflexion au ressenti. Être dans son corps implique souvent de ralentir pour s'autoriser à ressentir. Il s'agit d'une pratique de présence qui vise à explorer la manière dont on peut opérer dans le monde en suivant les sensations physiques de son corps.

Pourquoi ne l'appliquons-nous habituellement pas ? La raison est que cela n'est pas toujours confortable. *Ressentir* est sans doute l'une des choses les plus complexes, malgré son air anodin. En effet, on ressent souvent beaucoup, mais on ne ressent pas uniquement nos sensations préférées. Nous avons alors développé d'incroyables stratégies pour éviter de ressentir. Telles que la consommation de sucre, d'alcool, de drogues, l'action de *scroller* sur le téléphone ou quand rien d'extérieur n'est disponible, nous partons au loin dans nos pensées.

Prenons une pause dans la lecture et accordons-nous un moment pour respirer et laisser notre corps physique arriver ici et maintenant, où que nous sommes. Quoi qu'il se soit passé dans votre journée, votre nuit, avant le moment où vous avez ouvert ce livre, prenez le temps d'expirer et laissez passer tout ce qui ne fait pas partie du moment présent pour être pleinement disponible à votre lecture. Allez, faites trois grandes inspirations et expirations.

Notez comment vous vous sentez après ces trois respirations.

En général, on peut remarquer un ralentissement, une sensation de plus de présence et des ressentis corporels se font connaître. Imaginez que vous puissiez lire un livre qui aborde une pratique liée au ressenti et au corps, depuis un endroit où vous ressentez votre corps. Il y a de grandes chances pour que votre expérience soit très différente, beaucoup plus expérientielle, et comme souvent dans les expériences, qu'elle provoque plus de changements.

Le Qoya est, certes, une pratique de mouvements, mais il va bien au-delà. C'est une expérience, un voyage en soi avec nos sensations, comme guides. Imaginez un voyage dans lequel le chauffeur de votre véhicule vous guide d'un endroit à l'autre, vous emmène où vous voulez et partage avec vous ses perspectives. Et puis un jour, vous changez de chauffeur. Il y a fort à parier qu'il vous fasse découvrir des routes différentes pour arriver aux mêmes endroits, voire, qu'il vous révèle de nouveaux endroits et qu'il vous partage une autre perspective de la ville. Il en est de même pour notre relation à nous-même. Quand nous ne l'explorons que depuis les pensées et le mental, nous n'obtenons qu'une seule perspective. En explorant avec un autre guide les sensations dans le corps, on s'ouvre à recevoir d'autres informations, d'autres voies, d'autres horizons.

Le Qoya invite à aligner le mouvement de notre corps avec l'essence de notre être, que l'on peut appeler *âme*, et notre mental. Lorsque toutes les parts de notre être sont engagées conjointement, il se crée un alignement qui permet d'accéder à des aspects de soi-même, autres que ceux dont on fait éventuellement habituellement l'expérience. C'est ce qu'il se passe notamment dans toutes les pratiques de pleine conscience[4] ou dans un grand nombre de pratiques dites spirituelles.

On dit que, par le mouvement, on revient à notre essence. Et si vous me suivez, vous comprenez donc que le Qoya est une pratique corporelle et spirituelle. Elle invite à cette exploration, cette quête de sens et de vérité sur l'existence et l'Univers, et surtout sur soi, en passant par l'expérience de son propre corps. Beaucoup d'approches spirituelles ont parfois été séparées de l'expérience du corps physique, majoritairement pour des raisons religieuses et historiques, mais aussi parce qu'il est tentant d'éviter de ressentir et de rester dans un monde éthéré où l'on peut échapper au flip-flop de cette soupe folle qu'est la vie humaine.

4. Les pratiques de pleine conscience visent à ramener et garder notre attention présente sur tout ce qui est en nous et autour de nous à un moment donné : il y a des techniques de méditation entre autres, mais l'idée est de développer cette qualité d'attention dans tous nos actes quotidiens (la marche, la préparation d'un repas, le travail, etc.).

En Qoya, on ne prêche pas, on ne fait pas de *speech* et on n'a pas une idée précise de la forme de spiritualité ou de l'expérience de la vie à laquelle chacun devrait arriver. Il n'y a pas de débutant, intermédiaire ou avancé, seulement des personnes qui dansent la danse de la vie avec tout ce qu'elle comporte de grâce et de défis, d'attentes et d'imprévus, de joies et de désespoirs.

Le postulat est que le mouvement nous fait revenir à notre essence, à cette part de nous qui existe au-delà du temps et de l'espace. Mais le Qoya défend le fait que chacun trouve sa vérité et que tout est à l'intérieur. Le Qoya n'est pas la doctrine. Vous êtes votre propre gourou et le Qoya est un moyen de vous souvenir que vous savez, c'est une boussole pour naviguer sur le flot de la vie dont le nord est la sensation dans votre corps.

Il est plutôt révolutionnaire de se lancer dans l'expérience de la vie par le biais de nos sensations. Il ne s'agit pas juste d'une pratique de bien-être ajoutée à notre semaine, il s'agit d'une façon différente de vivre notre vie, de manière plus alignée, plus juste, plus incarnée. Il s'agit de réclamer son corps comme l'endroit par lequel on fait l'expérience la plus profonde et intime de l'existence et de choisir de nourrir les sensations que l'on veut ressentir en les mettant au nord de sa boussole.

L'approfondissement de cette relation et de cette intimité à notre corps nous conduit dans un voyage qui transforme notre relation aux autres êtres vivants, à la nature et bien souvent à tout ce qui est.

Le Qoya n'est pas juste une pratique de mouvement, c'est une façon de vivre sa vie en révérence, d'utiliser le mouvement comme outil pour retrouver sa vérité, la vivre et se battre pour continuer de la faire exister.

À propos des termes employés

Dans l'exploration spirituelle, à laquelle invite entre autres le Qoya, il peut être difficile de trouver des mots pour décrire les sensations et les expériences produites par le corps. Les mots semblent souvent limités, inexistants, peu précis ou inexacts pour décrire le panel incroyable de tout ce qu'un humain peut ressentir. Lorsque des mots expriment des réalités intangibles, il est fréquent qu'ils ne soient pas perçus avec les mêmes subtilités d'une personne à une autre.

Depuis ma compréhension et mon vocabulaire d'aujourd'hui, voici la façon dont j'utilise certains des concepts évoqués dans ce livre. Reparlons-en dans deux ans et il y a fort à parier que mon exploration de la vie les ait encore enrichis et fait évoluer.

Le *mouvement* est un concept que normalement tout le monde comprend, donc je ne ferai l'affront à personne d'expliquer le principe de bouger.

Le concept de *spiritualité*, quant à lui, suscite en général bien des discussions et peut sembler plus controversé. Il n'y a pas une façon unique de percevoir, expliquer et/ou vivre sa spiritualité, ce qui complexifie les choses. La difficulté majeure d'aujourd'hui avec le terme de spiritualité est qu'il se réfère bien souvent à des comportements externes, avec éventuellement des conséquences pour les autres, plus qu'à une pratique interne.

Dans ce livre, quand je parle de spiritualité, j'évoque l'expérience et la recherche individuelle ou collective de notre relation à notre âme et ce qui est invisible. La proximité entre la spiritualité et la religion peut parfois faire émerger des peurs, liées à nos histoires individuelles et collectives avec les religions. Si elles ont en commun l'exploration de notre relation au grand mystère, elles se distinguent par leur cadre. La spiritualité est une essence de l'être, que l'on choisit de plus ou moins investir et de nourrir de la manière qui nous inspire. La religion est un ensemble de rites, pratiques et valeurs qui sont souvent ancrés dans une recherche spirituelle.

Il n'est pas nécessaire de partager certaines croyances pour faire du Qoya. Vous pouvez faire du Qoya depuis là où vous êtes, peu importent vos croyances précises ou si vous vous percevez comme quelqu'un de spirituel ou non. Il n'existe, à mon sens, personne qui ne soit pas spirituel. Tout comme chaque être est « corporel » parce qu'il a un corps, chaque être est spirituel. Et tout comme on peut s'être coupé de son expérience corporelle et avoir peu de relations avec son propre corps, on peut également s'être coupé de son expérience spirituelle. Mais elle est accessible à chaque instant pour qui souhaite l'explorer. Je dirais même qu'elle n'attend que vous...

Sachez que le Qoya ne tentera pas de vous convertir à quoi que ce soit, mais vous permettra de ressentir et de vous mettre en mouvement.

L'*âme* est cette partie de nous-même invisible, indicible, sans ou avec une faible densité (certaines études disent qu'elle pèse sept grammes[5] !) qui anime notre corps physique. Dans les conceptions où l'on admet l'existence de vies passées et futures (ou parallèles), l'âme serait ce qui ne meurt jamais et se réincarne d'une vie à l'autre. Le corps, le mental et l'ego seraient le véhicule de cette essence pour cette vie-là.

5. *Voyage aux confins de la conscience : Dix années d'exploration scientifique des sorties hors du corps : Le cas Nicolas Fraisse* ; de Sylvie Déthiollaz, Claude Charles Fournier et Julie Klotz.

L'âme serait également, et surtout, l'essence divine de notre être qui agit comme un guide dans notre destinée, connectée à notre raison d'être profonde et la façon spécifique dont elle se manifeste dans notre vie incarnée.

L'*ego* est très souvent relié au mental et à la personnalité. Il serait l'ensemble des caractéristiques humaines qui dirigent et protègent notre corps psychique dans cette vie. L'ego est aussi cette partie de nous qui pense être seule et qui se bat pour sa survie en permanence. Il contrôle nos peurs et vient très régulièrement nous protéger en créant des mécanismes utiles à un moment de notre vie, qui deviennent parfois contre-productifs dans le temps. Dans le langage courant, il est devenu un terme à connotation négative. Certaines branches spirituelles font de l'ego leur combat, comme s'il était l'ennemi à détruire pour arriver au bonheur, la source de nos souffrances humaines.

Je ne partage pas ces conceptions. D'abord, parce que je ne crois pas que l'on puisse s'en séparer et à ce titre, il sera toujours plus confortable de faire avec l'existant plutôt que de renier ce qui ressemble parfois à un invité indésirable qui s'est ancré sur place. Et puis je ne conseillerai à personne dans cette vie d'avancer sans son ego, sauf à être un ermite seul dans sa montagne. Je perçois le chemin spirituel plutôt comme une façon d'assouplir et de comprendre l'ego, l'endroit où il se loge et la façon dont on peut faire équipe avec chacun des aspects de nous-même, lui inclus.

L'*Univers*, autrement appelé par mille noms – le grand tout, le grand mystère, le divin, la source, Dieu, etc. – est le terme que j'emploie le plus souvent pour parler de tout ce qui est et qui est plus grand que nous. Notre ego veut parfois nous faire penser qu'il n'y a rien et que l'on est seul au monde ; ce n'est pas mon idée de la chose. Aussi, je ne vois pas l'Univers comme une chose séparée de l'être humain. Le divin est partout, en chaque personne et en chaque chose. Il est tout ce qui est, nous y compris.

Le *sacré* fait référence à cette sensation d'unité, ce moment où l'on est en connexion avec la magie, avec ce qui honore la beauté de ce monde. Dans l'un des textes fondateurs du Qoya[6], Rochelle, la fondatrice, le décrit comme : « Ces moments où vous voyez un coucher de soleil et votre corps tout entier se relâche. Quand vous prenez la route et que la vie semble ouverte à tous les possibles. Quand vous êtes pris dans le fou rire contagieux d'un enfant. Quand vous sentez la chaleur du corps de votre amoureux dans votre lit. Lorsque vous terminez un travail dont vous êtes fière et que vous le dévoilez au monde. Quand vous voyez une amie de longue date et, à la fin de votre rencontre, que vous avez vraiment la sensation que tout va bien se passer. Quand vous vivez ces moments où la vie s'amplifie. »

Rochelle, le Qoya et moi partageons cette vision d'honorer le sacré en tout ce qui est. Cette perspective est décorrélée de tout aspect religieux. Les pratiques religieuses ou les rituels (profanes ou d'une lignée spécifique) peuvent raviver cette essence sacrée, mais elle réside dans la vie en elle-même et dans la révérence à tout ce qui est. Il s'agit d'une sensation, d'une façon de faire, d'être et d'honorer. Notre présence est sacrée.

La *magie* fait référence à ces moments où l'on reçoit une petite ou grande bénédiction de la vie, un heureux hasard, souvent incompréhensible pour notre mental-ego et la part de nous qui lit l'existence de manière rationnelle. Le terme

---

6. Il s'agit de l'un des textes de base du Qoya, publié sur le site web qoya.love, dans le livre de Rochelle Schieck, dans les formations de professeures ainsi que dans de nombreuses vidéos de mouvement.

de *synchronicité* est devenu plutôt courant et parle de ces moments de coïncidences fortes. C'est par exemple ce moment où l'on pense à une amie de lycée que l'on n'a pas vue depuis dix ans et qui nous envoie un message dans les jours qui suivent. Ces moments où notre souffle est un peu coupé et notre mental est invité à s'épandre dans l'inconnu et dans un sentiment de magie. Les synchronicités sont pour moi l'une des manières par lesquelles l'Univers nous confirme une direction à prendre, une piste à explorer.

On dit parfois que le Qoya explore l'essence du *féminin*. Utilisé dans ce contexte, le féminin ne fait pas référence au genre, ni à l'aspect extérieur. Le féminin est différent de la féminité, qui regroupe plutôt des aspects extérieurs liés à l'apparence. L'énergie du féminin est un aspect interne et indifférent au sexe et au genre. Il s'agit de polarité exprimant des essences tendant vers des archétypes.

Dans un contexte où l'on tente de redéfinir la distinction entre genre assigné, genre identifié, orientation sexuelle et énergie archétypale, les termes masculin et féminin déclenchent beaucoup de débats et de passions.

Au fur et à mesure de ce livre, quand j'emploie les mots féminin et masculin, je fais référence à l'énergie qui anime la matière et que chacun, peu importe son genre de naissance, porte en soi. Il s'agit là d'archétypes ou énergies archétypales. Chacun porte les possibles de tous les archétypes en soi. Ils se manifestent ensuite dans un spectre bien plus complexe, riche et malléable que des polarités, qui tendent par définition à être à l'extrême.

L'énergie du féminin peut elle-même être explorée avec différents archétypes : la jeune fille, la mère, la sirène, la guerrière, la femme sage, etc. Chaque archétype possède des traits spécifiques qui le définissent. En tant qu'individu, nous explorons plusieurs archétypes en fonction des périodes et des contextes. L'archétype du féminin et son énergie ont donc leurs spécificités, et dans la polarité, s'explorent en parallèle de l'énergie du masculin. La plupart d'entre nous vivons aujourd'hui une vie majoritairement dominée par l'énergie masculine. On valorise collectivement et souvent individuellement :

- la discipline et la structure en dépit de la fluidité et la confiance ;
- les pensées plutôt que les émotions, les ressentis ;
- l'individualité plus que les relations ;
- la validation externe à la validation interne ;
- le retour sur investissement et l'efficacité plus que l'expérience ;
- le fait de contrôler *via* notre ego plus que de s'abandonner à notre âme ;
- le principe de faire plus que de n'être.

Il existe un idéal d'union en chacun d'entre nous. L'union profonde des différentes polarités, et par extension, l'union du masculin et du féminin comme polarités énergétiques. Tout ce qui crée un sentiment de séparation peut générer de la frustration ou un sentiment de fausseté. Cet idéal d'union et d'unité peut parfois nous conduire à refuser de voir et expérimenter certaines réalités liées à la différence.

Le Qoya ne valorise pas plus le féminin que le masculin. Cependant, dans un environnement où l'un est en excès, il semble important de développer l'autre pour revenir en équilibre et pouvoir opérer dans ce monde depuis notre alignement en tant qu'individu complet et collectif valorisant l'expression de toutes les parts de l'humanité.

On me demande parfois pourquoi je n'emploie pas les termes de Yin et Yang, ou Shakti et Shiva, qui représentent des archétypes proches, dans d'autres traditions ancestrales. Je ne les utilise pas parce que je ne dispose pas de connaissances suffisantes sur la subtilité de ces termes et n'ai pas de lien suffisamment fort à ces traditions et cultures pour éviter l'appropriation culturelle.

Sentez-vous à l'aise pour explorer vos propres définitions de ces termes, pour jouer avec, les approfondir et les faire vôtres. La liberté réside dans le choix.

Pour qui est le Qoya ?

Il s'agit sans doute ici de l'un des points sur lesquels on me questionne le plus souvent. Le Qoya s'adresse au départ, et encore majoritairement, aux femmes, mais pas exclusivement. Il existe des cours mixtes et certaines professeures de Qoya dispensent également des cours pour les familles. Il existe donc une grande diversité de possibilités de variation et d'ouverture pour le Qoya et beaucoup de choses sont encore à créer. À l'heure de l'écriture de ce livre, seules des femmes enseignent. Une grande majorité des cours et des ateliers sont destinés à des personnes s'identifiant comme femmes.

Aussi, dans un contexte de réclamation d'identités de genre plus larges et fluides, le Qoya invite à respecter, honorer et soutenir la liberté de choix et d'expression de sa personne dans toute sa diversité et complexité. S'il a commencé et s'est construit majoritairement avec et autour de femmes cisgenres[7], l'inclusivité des femmes transgenres et des personnes non binaires[8] est largement discutée et favorisée au sein de la communauté des professeures de Qoya.

Dans ce livre, quand je parle des femmes, je comprends les femmes cis et trans. Il convient néanmoins d'admettre que mon expérience d'enseignante s'est concentrée majoritairement autour de femmes cis. Le Qoya et moi-même sommes prêts à effectuer une marge d'apprentissage pour offrir des espaces encore plus rassurants et non discriminants des personnes Queer.

---

7. Cisgenre ou cis est le qualificatif décrivant les personnes se sentant en adéquation avec leur sexe assigné à la naissance.

8. Personnes qui ne se ressentent ni homme, ni femme.

La majorité des cours s'adressent encore actuellement aux femmes. Cela s'explique notamment par le fait que les femmes apprécient un cadre particulièrement sécurisant entre femmes, ce qui permet à beaucoup d'entre elles d'aller plus profondément dans leurs mouvements et leurs ressentis, et de se libérer plus facilement des regards extérieurs.

Ce livre, quant à lui, n'est pas uniquement adressé aux femmes, mais il me faut reconnaître que j'ai dansé le Qoya avec un millier d'entre elles et seulement quelques dizaines d'hommes, ce qui me confère plus d'expérience pour accompagner les femmes et voir comment le Qoya influence leur vie.

Ce serait une évolution naturelle du Qoya, en tant que pratique de mouvement, de se développer pour des groupes exclusivement constitués d'hommes, explorant la façon dont le féminin s'exprime spécifiquement pour eux. Le Qoya grandit de manière organique, en fonction des personnes qui ressentent l'appel de continuer ce chemin. Rochelle a ressenti l'appel de le créer, j'ai ressenti l'appel de le traduire en français et j'ai hâte de voir qui ressentira l'appel de le développer pour les hommes et toutes les façons dont le Qoya s'adaptera pour permettre à chacun de faire l'expérience de sa vérité en toute sécurité.

INTRODUCTION

Le Qoya est basé sur l'idée qu'**à travers le mouvement, on se souvient**. Depuis cinq ans, je répète cette phrase à chaque personne qui me demande ce qu'est le Qoya, à chaque cours, à chaque formation, à chaque fois que j'écris un texte de présentation. Je répète cette phrase tous les jours, parfois plusieurs fois par jour, depuis cinq ans. Et je ne m'en lasserai jamais.

Quelque chose de notre être s'allume à l'idée de savoir qui l'on est vraiment, dans notre essence, au plus profond de nous-même. Quelle est notre essence, au-delà de tout ce que nous racontons ? Au-delà de tout ce que nous avons construit ? Au-delà de tout ce que l'on nous a dit d'être et que l'on essaye de suivre plus ou moins ?

On veut se souvenir de ce qui est bon pour nous. On veut se souvenir de qui l'on était enfant, de cette essence intacte à laquelle on n'avait rien cherché à changer. On veut se souvenir de qui l'on est quand on ne cherche pas à plaire aux autres, à correspondre à un modèle. Qui l'on est quand on n'a pas peur. Qui l'on est quand on suit le flot de la vie avec grâce. Qui l'on est quand on est connecté à la joie comme guide. On veut connaître notre ultime vérité, pas celle qui change tous les six mois en fonction de nos humeurs. Une part de nous se désespère de toucher plus souvent à notre essence.

« **Et par le mouvement, on se souvient.** » À chaque fois que je prononce cette phrase, j'ai la sensation de plonger dans les abysses de tout ce dont je peux me souvenir, de tout ce dont un collectif peut se souvenir. « Se souvenir » part du spectre le plus simple et le plus commun – et pourtant souvent oublié – que l'on a besoin de se reposer plus, ou de boire plus d'eau. Parce que, même cela, on l'oublie. J'ai reçu un nombre incalculable de fois le message de me reposer en dansant le Qoya... jusqu'à ce que je le fasse vraiment, et que je me sente enfin tellement plus moi-même. La vie que nous menons tend à nous pousser à complexifier les choses, et à croire qu'à une situation ou une question complexe ne peut exister qu'une réponse complexe. Très souvent, notre vérité est des plus simples. Notre essence est simple. Notre ego est plus complexe.

Parfois, on va se souvenir de qui l'on était avant un certain événement sur notre chemin. On va se souvenir de notre foi, de notre innocence, de l'énergie spécifique que l'on ressentait et qui est toujours là, alors même que l'on croyait qu'elle avait disparu.

Parfois, on va visualiser des images d'une vie passée éventuellement, des sensations qui viennent d'un autre temps, d'une autre époque, une remémoration que seule notre âme peut activer parce que notre mental n'a pas ces données-là. Tout ça parce que l'on a bougé une hanche ou un bras. Mais surtout parce qu'on les a bougés exactement comme ils en ont envie. Sans passer par une chorégraphie, sans que quelqu'un d'autre nous dise comment on doit bouger ou ce qui est bon pour nous. En faisant confiance à notre corps pour savoir le mouvement qu'il veut faire, il laisse émerger à notre conscience ce dont il a toujours eu besoin.

En Qoya, il s'agit d'aligner notre corps, notre mental et notre âme dans la même expérience. Notre âme va donner l'impulsion à notre corps de bouger, ce qui va activer notre mental pour éventuellement comprendre, intégrer, soigner et évacuer ce qui est prêt à être libéré pour faire plus de place à notre âme dans notre façon d'avancer dans la vie.

Notre corps attend plus ou moins patiemment qu'on le sollicite. Une fois qu'on lui donne la parole, il la prend et fait émerger toutes les vérités qui nous attendaient, auxquelles nous avons plus ou moins envie de faire face. Honnêtement, il s'agit souvent au départ des vérités que nous cherchions à éviter. Si nous étions prêts à y faire face, elles n'auraient pas besoin de se faire connaître puisque l'on vivrait déjà dans cette vérité. Le Qoya va amener, de manière très claire, d'une façon que l'on ne peut plus ignorer, ce qui est bon pour nous. Et par conséquent, ce qui ne l'est pas.

De nombreuses femmes ont pris des décisions majeures, ont acté des choix de vie après des cours de Qoya. Sans doute avaient-elles déjà la sensation plus ou moins claire que ces non-choix n'étaient pas les bons. Le mouvement du corps physique va augmenter le volume sur les sensations du corps et le baisser sur le mental. Les sensations seront si fortes et évidentes qu'elles ne peuvent plus être niées par le mental ni reléguées au second plan. La voix de notre mental est soudainement emportée dans la danse et notre corps a la voix la plus audible, celle qui donne la sensation « qu'on le savait depuis le début ». Que ce travail n'est plus le bon pour nous, que cette relation ne nous apporte plus ou pas ce que l'on souhaite, que l'on doit refuser tel projet ou accepter tel autre.

Mon amie Coline vient régulièrement au Qoya depuis que j'ai commencé à enseigner à Paris. Il arrive qu'elle m'envoie un texto qui résume cela très bien : « Je ne viendrai pas au Qoya ce soir, je ne suis pas encore prête à faire les changements dont j'ai conscience que je dois mettre en place. »

De toutes les voix qui résonnent autour de nous, la voix de notre ressenti est souvent la moins audible, ou celle à qui l'on a donné le moins de crédit. La voix des personnes de notre entourage, la voix d'un collectif indistinct, la voix de notre mental sont en haut de la liste. Fortes et claires, habituelles et souvent pleines de certitudes, on ne saurait leur échapper. La voix de notre ressenti, qui peut être assimilée à notre intuition, serait comme cette petite voix fluette dans le fond de la classe qui lève timidement la main pour se faire entendre au milieu du brouhaha. On l'entend, on sait qu'elle est là, mais on ne nous a pas appris à lui donner du crédit. Parfois elle est même inaudible. Mais surtout, même quand on l'entend, choisir de la suivre et faire face à toutes ces grosses voix, dont on nous a dit qu'elles étaient la vérité, demande beaucoup de courage.

Alors c'est cela qui fait le Qoya. Il donne une voix à cette part-là, et sans que l'on ne comprenne comment ni pourquoi, on se retrouve à tournoyer dans une pièce et réaliser que ce que l'on veut vraiment, c'est écouter cette voix. Et que l'on ne peut plus l'ignorer. Il reste juste la sensation fermement ancrée de la voix de notre ressenti et souvent, le courage pour la suivre l'accompagne.

J'ai dansé le Qoya avec des centaines de femmes et guidé des centaines de cours. Et jamais le Qoya n'a trahi cette phrase : « **À travers le mouvement, on se souvient.** » À chaque fois que je la prononce, une part de moi plonge dans ce que serait un monde où chacun se souvient de son essence.

Ce livre porte à peu près le même objectif, mais ne l'atteindra jamais aussi rapidement que si vous vous mettiez en mouvement, dans votre mouvement.

Les mots peuvent avoir cette fonction similaire de créer une résonance si forte dans notre être que quelque chose est prêt à émerger. Vous savez, ce livre qui a changé votre vision de la vie et vous a porté pendant des semaines au point que vous le recommandiez avec excitation à tout le monde et sans que personne ou presque ne semble se découvrir la même passion. Ce n'est pas que ce livre n'ait pas été incroyable ou que vous ayez des goûts douteux, c'est sans doute parce qu'il a touché quelque chose de votre essence qui n'avait jamais trouvé d'écho si fort jusque-là, et qui est prêt à reprendre ses droits. Ce livre a révélé une vérité qui ne demandait qu'à être nommée et partagée. Il s'agit de ces moments où vous coupez votre partenaire dans son sudoku toutes les douze lignes pour lui lire ce passage qui est « incroyable-il-faut-absolument-que-tu-lises-ça ». Où quelque chose est si profondément touché en vous qu'il semble impossible que chacun autour de vous ne soit pas frappé par la grâce.

Il existe d'autres moyens que le mouvement de revenir à cette essence, mais le corps est une autoroute royale. Cela ne veut pas dire que tout le monde aimerait faire du Qoya. J'ai complètement conscience que ce n'est pas parce que le Qoya me va comme un gant, que ce gant va à tout le monde. En revanche, le corps et le mouvement libre ne mentiront jamais, que vous fassiez de la course à pied, de la danse des cinq rythmes[9] ou de la marche.

Le Qoya propose juste une carte de route spécifiquement organisée pour se souvenir, et revenir à ce que l'on est profondément. Chaque cours ou atelier de Qoya, chaque retraite, propose un voyage pour explorer la façon dont le corps veut bouger pour retrouver sa vérité.

Imaginez qu'il soit impossible de se tromper : le seul moyen de savoir que vous faites bien du Qoya, est que cela vous fait du bien. C'est le mantra à se répéter tout au long de ce livre, qui est sans aucun doute la phrase qui marque le plus chaque personne qui prend un cours pour la première fois.

---

9. Pratique de mouvements libres créée par Gabrielle Roth, incluant cinq types de rythmes différents.

Vous ne pouvez pas vous tromper en faisant du Qoya. Ni en lisant ce livre. Il n'y a pas d'autre but que celui de vous faire du bien. Autorisez-vous à suivre la sensation de bien-être, de justesse, de satisfaction. Le Qoya est une invitation à s'autoriser à choisir ce qui nous fait du bien en dépit de ce que l'on pense être bien. À chaque moment. À chaque mouvement. De muscler notre capacité à s'orienter un peu plus vers le plaisir, non seulement dans un cours de Qoya, mais surtout dans nos vies.

L'HISTOIRE DU QOYA

Une histoire de synchronicités

Le Qoya a été créé par Rochelle Schieck, une Américaine née dans la fin des années soixante-dix qui a grandi dans le Minnesota. Danseuse depuis son enfance, yogi et professeure de Yoga, Rochelle participe à un cercle de femmes en 2009 à New York lorsqu'une avocate déclare : « Tout le monde me dit d'être moins dans ma tête et plus dans mon corps. Je n'ai aucune idée de ce qu'ils veulent dire par là. S'il s'agit de faire du fitness, je suis fichue parce que la salle de sport est une torture, le Yoga m'ennuie, je n'arrive jamais à trouver le bon niveau en danse et la *pole dance* me fait mal au dos. »[10]

Aussitôt, Rochelle lève la main dans l'un de ces moments où nos mots précèdent nos pensées et propose : « Je comprends la difficulté à sortir de sa tête et être dans son corps. J'ai toujours utilisé le mouvement comme une façon de revenir à ma vérité et je peux vous guider à faire la même chose. Pourquoi ne ferions-nous pas un cours les dimanches soir : je nous guiderai, ainsi que toutes les autres femmes qui voudraient nous rejoindre, autour d'un mélange de Yoga, danse et mouvements sensuels, en s'intéressant moins à ce dont on a l'air et plus à ce que l'on ressent. » La femme a souri, ainsi que dix autres. Et c'est ainsi que le Qoya est né.

Les cours furent rapidement tous complets et Rochelle a continué à développer et affiner la pratique au fur et à mesure des années. Cela ne s'appelait pas encore Qoya, mais « *Inspired Movement* » (Mouvement Inspiré).

Quelques années plus tard, à la suite d'une rupture amoureuse douloureuse, Rochelle décide de partir au Pérou pour

---

10. Vous pouvez retrouver toute l'Histoire de Rochelle et de la création du Qoya dans son livre *Qoya : une boussole pour retrouver le chemin d'une vie qui est sage, sauvage et libre.*

étudier avec les Q'eros, les chamanes des montagnes. Un jour, lors d'une visite touristique, un guide précise : « C'est ici que les Qoyas vivaient. » Rochelle ne savait pas qui étaient les Qoyas, mais a aimé la sensation dans son corps quand elle a entendu ce mot. Elle a alors demandé au guide qui étaient les Qoyas et il a répondu qu'au temps des Incas, elles étaient les reines, celles qui détenaient la Sagesse. Rochelle explique : « Qoya se traduit par "Reine" en Quechua – plus précisément, la manifestation féminine d'une conscience plus élevée. Il s'agissait d'une relation différente à la reine de celle à laquelle j'étais culturellement habituée. Il ne s'agissait pas d'une femme portant des bijoux, distante émotionnellement, dans une position de pouvoir dont elle a hérité, mais d'une femme qui se souvient. Qui est souveraine. Qui est interdépendante et référente de la connexion à tout ce qui est. Une femme ou l'aspect féminin d'un homme, qui incarne cette essence. »

Elle a continué ses recherches autour des Qoyas et a demandé la confirmation à l'Univers si c'était bien le nom de ce qu'elle devait faire. Quelques jours plus tard, en haut d'une montagne, Rochelle a commencé à écrire spontanément plusieurs pages dans son carnet, comme guidée par une énergie bien plus grande qu'elle. Elle a écrit la plupart des textes qui sont encore aujourd'hui ceux du site web du Qoya[11] et a ressenti la confirmation que le Qoya était son travail sacré dans cette vie. Durant ce voyage, elle a également senti qu'on lui demandait de revenir au Pérou deux ans plus tard. Eh oui, l'Univers ne fait pas que répondre à nos questions, il nous demande aussi un certain nombre d'engagements !

De retour aux États-Unis, elle continue à développer ce qui s'appelle dorénavant le Qoya, forme des professeures, donne

11. qoya.love.

des retraites et connaît un succès grandissant. Deux ans plus tard, la situation n'est pas optimale pour retourner au Pérou : elle travaille beaucoup et le voyage va lui coûter cher. Mais elle souhaite répondre à l'engagement qu'elle a pris et prend un vol pour quelques jours. Au dernier jour de son voyage, arrivée près du lac Titicaca, la guide, qui la conduira à l'aéroport le lendemain, lui propose de passer par un site sacré qu'elle ne fait généralement pas visiter. Rochelle, toujours prête pour l'aventure, accepte ! En arrivant sur le site, elle lui annonce qu'il s'agit du site... où vivaient les Qoyas ! Rochelle n'en revient pas, d'autant qu'elle n'a jamais parlé de son travail à la guide. Elle lui demande si elle parle des Qoyas, qui étaient les reines au temps des Incas. La guide lui répond que les Qoyas étaient non seulement les reines en ce temps-là, mais également un peuple qui vivait sur ce site et était en révérence à tout ce qui est. Elle lui montre l'endroit où elles priaient la Lune, celui où elles priaient le Soleil, et lui propose de prendre un moment pour méditer.

De cette méditation, Rochelle comprend que le Qoya n'est pas voué à être uniquement des cours de mouvements pour femmes, mais à se développer comme un style de vie complet en révérence, avec des retraites, des formations, une philosophie invitant à revenir en relation juste avec les différents règnes, les forces invisibles et tout ce qui est, et que cela puisse également s'ouvrir aux hommes et aux enfants dans le temps.

Comment le Qoya est arrivé en France

Alors que je passe un été 2016 très triste en raison d'une rupture amoureuse, je me retrouve dans l'un de ces moments, genoux sur le sol, à prier à qui veut bien m'entendre de recevoir de l'aide. Dans ma prière, je demande à recevoir l'amour. Quelques semaines plus tard, après avoir passé une nuit aussi incroyable qu'indescriptible lors de mon second Burning Man, j'ai besoin d'un peu de temps et d'espace pour intégrer. Je regarde le livret d'activités et je trouve cet atelier tout proche, en lien avec une méditation de l'océan. Pas sûre que mon cerveau se laisse embobiner par une histoire d'océan au milieu du désert, mais je suis prête à tenter. Je veux juste un endroit où penser seule.

Une fois sur place, je ne trouve jamais ladite méditation, mais tombe sur un écriteau : « Qoya, Dance with your Intuition ». Je ne sais pas ce que Qoya veut dire, mais la danse est mon refuge et mon exutoire depuis toujours. Et au cours de ces derniers mois, l'intuition est un concept qui m'anime vivement. J'ai même fait préparer des bracelets gravés « Intuition is your superpower » (l'intuition est ton super pouvoir), que j'offre aux personnes qui me touchent durant la semaine de BM[12]*.*

Je suis alors la direction du panneau et me retrouve sur une piste de danse où se trouvent la femme qui enseigne. J'y vois un homme qui se roule sur le sol, les yeux dans le vague. La femme se présente, son playa name[13] *est Beyond-see, un jeu de mots entre Beyoncé et « voir au-delà ». Elle commence à guider la séance*

---

12. Abréviation courante pour *Burning Man*.

13. Beaucoup de personnes utilisent à BM un autre prénom de leur choix, qui s'appelle le *playa name*.

de Qoya, et au fur et à mesure que je suis ses instructions, je me libère. La piste est à moi, et bien qu'elle soit en extérieur et que des dizaines de personnes passent autour, je n'ai aucune appréhension de leur regard. Je tournoie et laisse mon corps me guider. Je sens une confiance, une facilité et l'on dirait que mon cerveau vient finalement de déconnecter. À un moment, je comprends même que mon corps danse tout seul sans que je lui commande de le faire. C'est l'une des sensations les plus incroyables que je puisse ressentir. Je danse depuis des années, mais n'ai jamais ressenti une sensation comparable à celle-ci. Aucune pensée ne précède mon mouvement, c'est une expérience inédite. À la moitié du cours environ, j'ai la sensation physique la plus forte que je n'ai jamais eue dans mon corps : ce que je vis là, va changer ma vie. Je visualise des images de moi enseignant le Qoya, des images de moi formant d'autres personnes à enseigner le Qoya. Et une sensation d'alignement et de justesse jamais vécue auparavant. Je sais que ce jour est le jour où ma vie va changer. Les couleurs sont un peu plus éclatantes, les sensations plus fortes. Cela s'apparente à une radio grésillant qui est soudainement parfaitement en place. C'est une extase incomparable et délicieuse dans mon corps et tout mon être. Clairement, je vois au-delà.

Dès la fin de la séance, je me rue auprès de Beyond-see pour tout lui raconter et la remercier d'avoir permis cette expérience incroyable. Je tiens mon bracelet-cadeau dans le creux de ma main alors qu'elle vient vers moi et me donne une baguette magique en me disant : « C'est pour te souvenir que l'intuition est ton super pouvoir. » Je n'en crois pas mes oreilles. C'est le genre de moment où la magie est tellement palpable que l'on peut tout juste y croire. J'ouvre ma main pour lui tendre le bracelet sur lequel est écrite l'exacte phrase qu'elle vient de prononcer et Beyond-see pousse un cri. Je sais que l'on vit la même chose au même instant, qu'elle non plus n'en croit pas ses yeux. Elle est stupéfaite par ce clin d'œil gros comme un mammouth que l'Univers nous envoie. Nous tombons dans les bras l'une de l'autre et pleurons de joie et de magie.

Je le comprendrai plus tard, le Qoya est la réponse à mes prières. C'est vrai que je l'imaginais plus sous la forme d'un mec sexy que d'une pratique de mouvement, mais fondamentalement, le Qoya est ce qui m'a fait – et continue de me faire – ressentir la sensation de l'Amour dans chacune de mes cellules comme l'énergie incroyable qui nous anime et nous relie.

À ce moment-là, il est clair que ce chemin m'est destiné, même si je n'en connais rien. Je rentre en France et comprends que je ne peux pas suivre de cours parce que Julie, qui était la seule professeure francophone, est partie en Israël quelques mois auparavant. Alors poussée par cette énergie incroyable, je ne vois qu'une option : me former et ramener le Qoya ici.

Dans les mois qui suivent, je pars en voyage pour prendre tous les cours possibles et me former. Du Costa Rica aux États-Unis, en passant par l'Islande, je suis comme propulsée dans une vie que je n'aurais même jamais pu imaginer possible quelques années auparavant, dans ma vie traditionnelle de travailleur social.

Je commence à enseigner en France plusieurs fois par semaine entre deux voyages et, devant l'engouement des femmes qui dansent avec moi et avec les encouragements de Rochelle, je traduis toute la formation et me forme auprès d'elle pour former à mon tour des professeures. Je continue de parcourir le monde auprès de toutes les communautés de Qoya des différents pays et prodigue des cours et des formations au gré de cette nouvelle vie nomade.

En 2020, la communauté de professeures de Qoya certifiées francophones compte désormais une petite vingtaine de personnes et plus de quarante femmes sont en cours de formation, en France métropolitaine, à Tahiti, en Belgique, au Québec, en Israël, à Dubaï, etc. Les rencontres de chacune de ces femmes avec le Qoya sont plus magiques et synchronistiques les unes que les autres. Je n'ai jamais autant vu ni entendu de femmes parler d'un réel coup de foudre, décrire la sensation que j'ai moi-même vécue ce matin à Burning Man, celle de **savoir**. De savoir que le Qoya va devenir une grande partie de leur vie après avoir seulement dansé une fois. D'avoir cette certitude, si démente pour nos pensées rationnelles, que l'on doit enseigner, même si l'on n'a jamais ou si l'on a peu pratiqué la danse.

Le Qoya a sa propre énergie, qui est plutôt radicale et crée des vocations sous forme de coup de foudre !

LES TROIS ESSENCES DU QOYA : SAGE, SAUVAGE ET LIBRE

Sage

SAGE : LA PUISSANCE DE L'INTUITION

Je ne suis pas née dans une famille, ni n'ai grandi à une époque, où l'on encourage les enfants, ni quiconque, à reconnaître et à suivre son intuition. Comme une majorité d'entre nous en Occident, j'ai très vite compris qu'il y avait beaucoup d'emphase et une grande valeur à développer son mental, ses capacités cognitives et à lire presque tout de la vie sous cet angle. Comprendre et prouver par des éléments tangibles sont survalorisés et ressentir n'a que peu de valeur.

Plus jeune, presque à chaque fois que j'allais voir mamie Marguerite, elle me lançait en arrivant : « Tiens, je me suis dit que tu allais venir aujourd'hui ! ». On en riait avec mes parents et l'on se disait qu'elle avait simplement envie que l'on vienne. On se moquait gentiment de cette inaltérable phrase de bienvenue. Nous ne pensions pas qu'elle ait pu réellement le savoir. Cela était sans méchanceté aucune, mais il ne nous passait même pas vraiment à l'esprit que cela ait pu être vrai, qu'elle ait pu savoir que nous allions venir. Ma famille, à l'image de la société dans laquelle j'ai grandi, n'a jamais nourri la valeur et la confiance dans une sagesse interne au point d'avoir une méfiance et un discrédit naturel.

Comme dans l'exemple de ma grand-mère, bien souvent, l'intuition est majoritairement perçue comme une gentille affabulation qui ne mérite pas de crédit en tant que telle. L'autre versant perçu de l'intuition est celui du don inaccessible et possédé seulement par un certain nombre de privilégiés, tels les médiums, voyants, etc. Ce genre d'expériences inexplicables souvent médiatisées reste un mystère pour tous, que l'on révère, cherche à démanteler ou préfère ignorer par peur. Il est donc peu de dire que notre relation à l'intuition, la nôtre et celle des autres, est biaisée, blessée et parfois inexistante. Notre intuition est bien réelle. Mais notre relation à notre intuition n'existe pas ou existe à peine.

La sagesse, ou l'intuition, existe pourtant en chacun de nous. Il s'agit de cette part de nous qui sait. Qui sait qu'il faut prendre une autre route ce jour-là. Qui sent qu'il faut appeler une amie et qui l'appelle précisément au moment où elle a besoin de nous. Qui sait depuis le début que cette relation ne fonctionnera pas même si d'autres parts de nous luttent pour prouver le contraire.

L'invitation en Qoya consiste à se reconnecter à cette part de nous-même qui **sait**. Il s'agit de se (re)familiariser avec elle et d'agir depuis cet endroit pour vivre notre vie. Cette sagesse est inhérente à l'humain et bien trop peu valorisée. Nous vivons dans des sociétés qui survalorisent bien souvent la validation externe à la validation interne. La validation externe est celle de nos proches, des institutions, des réseaux sociaux, qui viennent valider ou invalider nos propres sentiments. La validation interne est l'acceptation de ses propres sentiments sans avoir d'approbation externe.

Entendons-nous, il est des domaines où il est judicieux de s'appuyer sur le savoir collectif et les expériences faites par d'autres pour pouvoir aller plus loin. Personne n'a probablement envie de se faire opérer par un chirurgien qui s'est formé uniquement à l'intuition sans prendre connaissance du travail de centaines d'années de ses pairs ou de traverser un pont construit par un architecte qui base son travail exclusivement sur la sensation dans son corps. Mais pour tout ce qui touche à la façon de vivre notre vie et nos choix personnels, nous avons appris à abandonner notre souveraineté par peur de ne plus être aimé. Nous avons bien trop souvent appris que l'avis des autres est plus important que le nôtre.

Une des peurs majeures de l'Être Humain est de ne pas bien vivre sa vie. De se tromper sur la façon dont on vit sa vie. Ce qui nous pousse à toujours recueillir les avis des autres, voire d'inconnus sur Internet, et à nous comparer. Trop souvent, l'aiguille de notre boussole interne est cassée ou l'on oublie juste de la consulter. Le Qoya est un moyen de remettre la sensation interne de vérité comme guide pour vivre notre vie, d'augmenter la voix interne qui sait et de diminuer les bruits environnants.

J'ai passé une grande partie de ma vie à m'inquiéter
de ce que les gens allaient penser et à faire en sorte
d'essayer de déplaire au moins de personnes possible.
Je suis allée à un nombre incalculable de soirées dont
je n'avais pas franchement envie, mais ma peur de déplaire
et de perdre mes amis forçait mes propres désirs.

Un jour, dans un aéroport bondé, mon corps était
lourd et j'avais vraiment envie de m'asseoir. Tous
les sièges étaient pris et personne n'était assis sur le sol.
Je résistais à m'asseoir à terre, non pas parce que j'étais
gênée pour moi ou que j'avais peur de me salir, mais
pour ne pas déplaire ou attirer le regard des autres.
Des inconnus. Ce moment de conscience m'a abasourdie
parce que c'était la façon dont je vivais quasiment
toute la vie : dans la peur de déplaire, de ne pas avoir
de validation externe.

Même par des inconnus dans un aéroport au bout du monde. Il était grand temps de renforcer le muscle de la validation interne.

Qu'est-ce que je pense réellement si je n'ai pas peur de déplaire ? Qu'est-ce que je veux nourrir comme sensation dans ma vie ? À la fin de ma vie, quel choix m'aura rendue le plus satisfaite ?

Tout le monde a de l'intuition. Je ne le dis pas pour être inclusive, je le dis parce que c'est vrai. Il peut arriver que l'on ne ressente pas ou plus son intuition parce que l'on est coupé de ses sensations. Il peut arriver que l'on ressente son intuition, mais que l'on ne lui fasse pas confiance et que l'on agisse depuis d'autres parts de notre être. Mais il n'est pas possible que l'on n'ait pas d'intuition.

Par exemple, vous faites peut-être partie de ces personnes qui savent quelle quantité et quel type d'épices ajouter à votre plat pour le rendre juste exquis ? Vous me direz, c'est l'expérience. Oui et non. Certaines personnes savent et ressentent avant même d'avoir jamais testé cette recette. Et d'autres, comme moi, massacrent systématiquement un plat en quelques secondes quand elles s'approchent du placard à épices.

Ou si vous êtes soignant, médecin ou autre, vous avez sans doute déjà eu la sensation qu'il ne fallait pas se contenter des analyses de base pour tel patient, ou que cela valait la peine de faire les tests pour telle pathologie rare, et avez eu raison. Ou si vous ne l'avez pas fait, il se peut qu'une part de vous s'en veuille parce que cela vous est passé par l'esprit.

L'intuition n'est pas tant une capacité personnelle en soi, qu'une ouverture à recevoir des informations d'un autre plan. La compétence ne vient pas du fait de recevoir – c'est le cas de tout le monde – mais de faire de la place pour développer cet aspect et d'agir depuis cet espace-là avec discernement.

On décrit en général quatre manières différentes de percevoir intuitivement. La plupart d'entre nous avons un ou deux modes principaux, mais il est courant de naviguer sur tous les modes à la fois.

La *clairvoyance* est la capacité à voir des choses, comme des images, des lumières, des couleurs, des mots, qui s'affichent quand on a les yeux fermés, ouverts ou quand on rêve, par exemple. Peu de personnes ont des images extérieures, la majorité est perçue de l'intérieur.

En 2016, ma sœur a reçu, en rêve, les images de Donald Trump au pouvoir dans les jours précédant son élection, alors que la plupart d'entre nous ne jurions que par Hillary Clinton et étions à mille lieues d'envisager ce scénario.

La *clairaudience* est la capacité à entendre des mots ou phrases extérieurs à ses pensées habituelles. Cela peut aller d'une grosse voix, comme dans les films, à un petit murmure, très proche de vos pensées habituelles, mais qui ne fait pas trop de sens au regard de la situation.

Un jour au téléphone, mon ami Antoine me raconte son voyage à Sedona en Arizona et sa visite dans une boutique ésotérique où il avait acheté des pierres. J'ai soudainement eu une pensée qui m'a semblé incongrue : « Il va te dire qu'il a une pierre pour toi. » La voix habituelle de mon mental qui croit tout savoir a répondu aussitôt : « Non mais ça va toi, n'importe quoi d'avoir ce genre de pensées ! Contente-toi d'écouter plutôt que de tout ramener à toi ! ». Et Antoine me dit au bout de quelques minutes : « D'ailleurs, j'ai pris une pierre pour toi ! »

La *clairsentience* est sans doute l'une des manières les plus communes de recevoir de l'information, mais malheureusement complétement niée. Il s'agit de ressentir dans son corps une sensation inhabituelle, et en général plutôt claire, d'une direction à prendre. C'est ce sur quoi le Qoya s'appuie et se développe majoritairement : comment ressentir la sensation de vérité dans son corps pour pouvoir s'appuyer dessus afin de faire nos choix et expériences. C'est ce moment où, lors d'une conversation, quelqu'un parle d'une ville dans laquelle il est allé, d'une personne qu'il a rencontrée, d'une pratique qu'il a découverte et soudainement tout votre corps se tend, vos cellules semblent vibrer un peu plus fort comme pour vous interpeller et vous dire que c'est la bonne direction. Il s'agit du fameux : « Je le sens bien ! »

La *clairconnaissance* est la sensation claire de savoir. Sans explication, sans changement dans son corps, sans rien d'un tout petit peu extérieur à nous. La clairconnaissance est cette sensation d'avoir toujours su, une sorte d'évidence dans le corps et dans les sens, juste avant que n'arrivent les pensées de doute ou de dénigrement. C'est sans doute la façon de recevoir l'intuition qui est la plus difficile à admettre, pour soi comme pour les autres. Dans une société qui valide quasi uniquement ce qui vient de l'extérieur, il peut nous sembler très audacieux de savoir, sans aucune preuve extérieure. Nous avons construit une culture du savoir sur les preuves, ce qui est tout à fait valable dans beaucoup d'endroits de la vie, mais contribue à dénigrer nos savoirs internes. Il est courant pour soi, comme pour les autres, d'être plus suspicieux et d'avoir plus de difficulté à faire confiance à cette sensation du savoir interne. Il est également courant de douter de ce savoir et d'avoir besoin de validations externes pour l'ancrer comme valide.

Aussi, devant la quantité d'informations que notre mental doit traiter, il est facile de ne pas prêter d'importance à l'intuition, d'autant plus s'il s'agit de ressentis ou de connaissances. Il est par ailleurs plutôt rare que l'on ait été élevé à suivre ces aspects de soi-même. Comme toute chose qui n'a pas été faite durant l'enfance, cela demande donc un peu d'entraînement pour redonner de la place à cet aspect de notre être : celui qui sait. Le Qoya vient donc spécifiquement renforcer la clairsentience et la clairconnaissance, qui sont accessibles à chacun, et notre capacité à agir depuis ces informations.

Il ne s'agit pas de dénigrer notre mental ou nos pensées, ni de chercher à ne plus les utiliser du tout. Développer et utiliser son intuition amène à une expérience différente de la vie, souvent plus fluide, plus alignée et plus simple. L'idée est de rééquilibrer notre usage de l'un et de l'autre pour trouver une façon de vivre notre vie qui soit plus satisfaisante. Le Qoya offre la perspective d'avoir le choix : est-ce que je veux faire ce pas depuis la perspective de mon mental ou est-ce que je veux plutôt suivre la sensation dans mon corps ? Qu'est-ce qu'il se passe dans un cas et dans l'autre ? Comment est-ce que je peux construire plus de confiance, dans les sensations dans mon corps, pour avoir le choix dans ce que je veux mettre au nord de ma boussole pour naviguer ma vie ?

NOTE À PROPOS DU *BYPASS* SPIRITUEL

Le *bypass* spirituel est un terme américain qui dénonce plusieurs aspects discréditants que l'on trouve dans les milieux dits spirituels, ou portés par des personnes clamant une certaine spiritualité. Il a été introduit dans les années 1980 par John Welwood, psychothérapeute et enseignant bouddhiste, qu'il décrit comme la « tendance à utiliser des idées et des pratiques spirituelles pour contourner ou éviter de faire face à des problèmes émotionnels non résolus, des blessures psychologiques et des tâches de développement inachevées ». Il peut s'agir, entre autres, de nier les aspects de souffrance et d'ombres de la réalité humaine avec des phrases du type : « Tout est amour », « Il y a une leçon en toute chose ». Ce n'est pas qu'il n'y ait pas de vérité dans cela, mais cela témoigne plus souvent d'une maladresse ou d'une incapacité à rester dans un espace de peine avec quelqu'un expérimentant une grande souffrance, ou une communication où l'on ramène les choses à soi, et à sa propre expérience plutôt que de rester avec l'autre.

Le *bypass* spirituel peut aussi prendre la forme d'une utilisation de son intuition pour manipuler ou prendre du pouvoir sur l'autre. Il peut être tentant de donner sa souveraineté à d'autres, notamment aux personnes dites intuitives comme les médiums, pour qui il peut également être tentant d'utiliser l'intuition comme une façon de prendre du pouvoir sur l'autre, consciemment ou inconsciemment. Ainsi les phrases du type : « Tes guides me disent que tu devrais prendre telle décision », spécifiquement à quelqu'un qui n'a demandé aucune guidance, sont une forme de *bypass* spirituel.

L'intuition a pour but de nous rendre plus libres et plus souverains de nos décisions... et il en est de même pour les autres. Si l'on utilise le développement de ces sensibilités dites féminines pour recréer un système basé sur le fait que quelqu'un d'autre sait mieux que nous, et en changeant uniquement la hiérarchie, on ne fait que déplacer le problème. Le développement de l'intuition doit aller de pair avec l'intégrité, le discernement, la souveraineté et donc la responsabilité. En développant sa confiance en sa propre intuition, il est essentiel de développer sa confiance dans l'intuition des autres, et de ne pas utiliser ces savoirs comme des armes qui recréent de la discrimination et donc de la domination par un système où seuls certains détiennent le savoir.

Les guidances données par quelqu'un devraient être utilisées seulement pour faire résonner votre propre sagesse, confirmer les savoirs que vous pressentez déjà et vous aider à continuer de comprendre et solidifier votre propre relation à votre intuition. Toutes les guidances extérieures doivent être repassées au filtre de votre souveraineté et responsabilité. De la même façon, il est très sain de réhabiliter et renforcer sa capacité à savoir pour soi, mais on doit prendre ces sensations avec plus de respect et de discernement quand il s'agit de recevoir des intuitions pour d'autres personnes.

Quelle relation avez-vous
à votre intuition aujourd'hui ?

Quelles sont les façons
dont vous « recevez » votre intuition ?

Quels sont les freins qui vous empêchent
de la suivre quand vous en avez conscience ?

Quelles sont les parts de vous que vous choisissez consciemment ou inconsciemment de suivre quand vous ne suivez pas votre intuition ?

Dans quels domaines de votre vie souhaiteriez-vous l'entendre plus et/ou la suivre davantage ?

Sauvage

SAUVAGE :
L'EXPRESSION BRUTE ET CRÉATIVE

« C'est assez incroyable de vivre dans un monde où être complètement soi-même est considéré comme Sauvage », dit souvent Rochelle.

Le terme sauvage a pris une connotation particulière au fur et à mesure du temps, teintée de danger, hors-cadre, voire semble même inadéquate dans un collectif.

L'essence *sauvage* est cette part de nous non transformée et non domestiquée, à l'état brut. Cette part qui ne cherche pas à se conformer, qui vit en lien avec les éléments et en conscience et respect des autres règnes (animaux, végétaux, pierres). C'est la part de nous qui se couche quand elle est fatiguée, et non à l'heure qu'elle pense être la bonne, qui mange quand elle a faim, et pas forcément à midi, qui bouge comme elle en a envie et non comme c'est déterminé dans son contexte social, qui rit et pleure librement sans se soucier du regard des autres. C'est la part de nous qui agit depuis le ressenti dans notre corps et non depuis la peur des conséquences.

La crainte de ne plus arriver à fonctionner en collectif est l'une des peurs qui semble sous-jacente si chacun est dans son sauvage, la peur du chaos. La rengaine : « Est-ce que l'on ne ferait plus que dormir, manger et s'adonner à une vie sexuelle débridée si l'on laissait vraiment la place au sauvage en nous ? » traîne en fond de toile de nos pensées. Les animaux sauvages, à bien les regarder, ont plutôt l'air de maîtriser la cohabitation interespèces, le tout sans détruire la planète. Et ils passent bien plus de temps à profiter de la vie que nous. À choisir entre le stéréotype de la vie d'une *businesswoman* à la Défense et celui d'un jaguar, vous me trouverez dans la jungle sans hésitation.

En Qoya, la femme sauvage est perçue comme la femme dans sa pleine expression. La femme qui ne se censure pas. La femme qui exprime au lieu de réprimer. La femme qui agit depuis son être le plus profond, et non depuis ses peurs et les constructions qui l'entourent. La femme qui crée sa vie selon ses propres désirs à chacun de ses pas. (Il en est de même pour les hommes.)

Elizabeth Gilbert, auteure connue pour son changement de vie radical raconté dans le best-seller *Comme par magie*[14], décortique comment chacun peut et doit accéder à son essence créative : « Envisagez-vous de devenir quelqu'un de créatif ? Songez-vous à devenir une personne créative ? Trop tard, vous l'êtes déjà. Le simple fait de qualifier un individu de "créatif" est un pléonasme presque risible ; la créativité est la caractéristique de notre espèce. Nous possédons tout ce qu'il faut pour cela : les cinq sens, la curiosité, les pouces opposables, le rythme, le langage, l'enthousiasme et une connexion innée avec le divin. Si vous êtes vivant, vous êtes créatif. Vous, moi et tous ceux que vous connaissez sommes

14. Elizabeth Gilbert, *Comme par magie*, Calmann-Lévy, Paris, 2016.

le produit de dizaines de millénaires de créateurs – qui décoraient, bricolaient, racontaient, dansaient, exploraient, jouaient du violon ou des percussions, bâtissaient, cultivaient la terre, résolvaient les problèmes, embellissaient – tels sont nos ancêtres communs.

L'invitation en Qoya est d'utiliser le mouvement comme moyen d'expression de votre créativité, notamment par la danse libre. Sans contrainte, sans chorégraphie, sans idée préconçue ou anticipation. Il s'agit de s'autoriser à bouger exactement comme notre corps en a envie, sans aucune attente de l'extérieur. De créer pour le simple fait de créer, sans contrainte, sans peur, sans autre but que de vous souvenir que vous êtes fait pour ça. D'être dans la plus pure expression de l'être à ce moment T, avec pour idée que l'on en fasse l'expérience dans un cours de Qoya et qu'on l'amène éventuellement plus loin dans notre vie.

Nombreux sont les endroits dans notre vie où l'on pourrait explorer davantage notre nature sans que cela ne crée aucune conséquence ou aucun risque dans notre vie. Le mouvement est souvent l'un de ces endroits. Dans notre vie moderne, nous bougeons de manière similaire et très ordonnée du lever au coucher et passons beaucoup de temps assis ou dans des positions répétitives pour le corps. Nous laissons peu, voire ne laissons pas, de place à la création spontanée des mouvements différents et plus intuitifs.

Le sauvage prend des formes très différentes. L'expression grandiose, en prenant de la place dans son mouvement et dans son corps en est une, la douceur avec soi-même peut en être une autre.

Il ne s'agit pas de ce à quoi vous ressemblez, il s'agit de ce que vous ressentez. Aujourd'hui, à ce moment. Et de l'expression singulière de votre être.

Ressentez-vous la part sauvage de votre être ?

La ressentez-vous plus à certains moments qu'à d'autres ?

Pensez-vous à des endroits de votre vie où vous voudriez laisser plus de place au sauvage ?

À quoi ressembleraient-ils ?

Imaginez une journée complète sans aucune contrainte, où vous puissiez juste explorer le sauvage. Décrivez-la !

Libre

LIBRE : LA LIBERTÉ DE BOUGER ET DE VIVRE DANS SON CORPS

Je n'avais jamais compris, avant ces dernières années, que mon âme requérait une telle soif de liberté. Je n'ai même jamais vraiment pensé en manquer, ayant choisi mes études, mon métier, la ville où je voulais vivre, mes amis, mes amoureux, mes voyages. Dans la conscience qui était la mienne à ce moment-là, je faisais une expérience de la liberté suffisante et ne me sentais honnêtement pas étriquée dans mes choix de vie. C'est la façon dont j'avais établi mes choix qui posait un souci.

Ma vie était tellement orientée inconsciemment sur le fait de ne pas déplaire et de m'assurer que je faisais ce que l'on attendait de moi correctement (ce qui n'est pas si déplaisant, par ailleurs, mais pas nécessairement la version la plus authentique de mon être), que je n'avais pas profondément remis en question mon rapport à la liberté. Je ne me sentais pas suffisamment en sécurité pour faire des choix basés sur mes désirs profonds. La peur de manquer, d'être vue comme égoïste et de ne plus recevoir l'appréciation de mes proches guidaient mes choix. Si ces derniers paraissaient libres de l'extérieur, ils étaient en fait complètement biaisés.

La réelle liberté qui s'est ouverte en moi a été de choisir à nouveau les raisons pour lesquelles je faisais mes choix. Retourner aux racines. Quelle est l'énergie qui anime mes choix ? Est-ce toujours à travers ce spectre que je veux prendre mes décisions ? Ainsi, ma relation à la liberté a pris un tout autre tournant dans la manière dont j'ai créé chaque aspect de ma vie de toutes pièces, mais surtout dans mon ressenti interne.

Évidemment, mon expérience de la liberté à l'époque, même si elle n'est pas satisfaisante depuis mon regard actuel, reste une chance incroyable dans le monde dans lequel nous vivons. J'ai conscience d'être une femme blanche de classe moyenne dans une démocratie, ce qui me positionne en partie au rang des privilégiés dans ce monde. J'ai une immense gratitude pour cette expérience de vie et tiens à l'honorer et la resituer dans son contexte.

Pour vous qui lisez ce livre, il se peut éventuellement qu'il en soit de même. Être libre de lire un livre n'est malheureusement pas une liberté acquise pour tous sur cette planète. De fait, pour bon nombre d'entre nous, les endroits où nous réduisons nos libertés sont bien plus internes qu'externes. Nous devons reconquérir notre liberté depuis nos sensations profondes et une honnêteté par rapport à nos mécanismes.

Le Qoya vient raviver l'essence de notre liberté par les mouvements sensuels, aussi appelés mouvements féminins. Vous pourriez ne pas voir le rapport spontanément entre la liberté et la sensualité. En réclamant notre capacité à bouger comme nous l'entendons dans notre corps, nous réclamons notre capacité à bouger comme nous le souhaitons dans notre vie. En explorant comment bouger, en suivant des mouvements qui nous font du bien et non ceux qui sont beaux de l'extérieur, nous entraînons tout notre système à avancer en suivant la sensation de plaisir dans le corps. Pour une grande partie d'entre nous, cela amène un changement de perspective dans nos choix. Le plaisir n'est plus la « cerise sur le gâteau » une fois que l'on a rempli toutes les cases à cocher et accompli les tâches à effectuer. Le plaisir est la sensation qui guide nos choix. Si les raisons pour lesquelles on agissait ne sont plus celles sur lesquelles on veut s'appuyer, alors il est fort possible que tous nos choix soient réévalués.

L'activiste Audre Lorde[15] écrit : « C'est l'une des raisons pour lesquelles l'érotisme est si redouté, et si souvent relégué à la chambre à coucher seule, quand il est reconnu. Car dès que nous commençons à ressentir profondément tous les aspects de notre vie, nous commençons à exiger de nous-même et de nos proches qu'ils se sentent en accord avec cette joie dont nous nous savons capables. Notre connaissance érotique nous donne du pouvoir, devient un objectif à travers lequel nous examinons tous les aspects de notre existence, nous obligeant à évaluer ces aspects honnêtement en termes de leur signification relative au sein de nos vies. Et il s'agit d'une grave responsabilité, projetée de l'intérieur de chacun d'entre nous, de ne pas se contenter de ce qui est pratique, de mauvaise qualité, de ce qui est conventionnellement attendu, ni de ce qui est simplement sûr. »

Les violences faites aux femmes ont conduit nombre d'entre elles à se désintéresser et se déconnecter de leurs ressentis, ne percevant plus leur propre corps comme un endroit de plaisir. Le Qoya, en offrant la possibilité d'explorer ces essences dans le cadre sécurisé d'un cours, d'un rituel ou d'une retraite, invite chacun à retrouver les perceptions de

15. Dans son texte « Uses of the Erotic: The Erotic as Power » publié dans *Pleasure Activism*, d'Adrienne Maree Brown. Traduction de l'auteure.

son essence pour éventuellement les inviter un peu plus dans sa vie. Il n'y a pas d'endroit où il faut être ou arriver, ni de façon de vivre sa vie. Il s'agit de retrouver son pouvoir et de s'assurer que nous vivions une vie en adéquation avec notre nature profonde, ou que nous y tendions. Pour chaque personne, et selon les moments de sa vie, cela prendra des aspects tout à fait différents.

Quelle est votre relation/ appréciation de votre corps ?

Quels sont les moments/endroits de votre vie où vous ressentez du plaisir dans votre corps ?

Prenez-vous du plaisir à bouger ?

Quels sont les moments/endroits de votre vie
où vous ressentez du plaisir ?

Comment pouvez-vous cultiver
plus de plaisir ?

Quels sont les moments dans lesquels vous vous
sentez à l'aise à bouger comme vous le souhaitez ?

Pensez-vous à des contextes où vous souhaiteriez
développer plus de cette capacité ?

LES 13 PILIERS DU QOYA : UNE ARCHE D'EXPLORATION

Après l'exploration des trois essences du Qoya, je vous propose également un voyage. Vous pouvez lire les étapes de ce voyage de manière linéaire ou en prendre une au hasard. Faites-vous confiance, vous avez peut-être besoin de l'expérimenter à ce moment-là.

Je vous propose de commencer par la création d'un espace sacré pour vivre une aventure protégée et guidée par ce(ux) en quoi et qui l'on croit. Il peut s'agir de dieux ou déesses antiques, de vos ancêtres, des Qoyas elles-mêmes ou juste de la partie de vous qui aime allumer une bougie.

Une fois installé dans cet espace, il s'agira de décrire ce qu'est le Qoya pour poser les bases de l'aventure, ainsi que le thème sur lequel vous voulez voyager.

Vous commencerez à mettre votre corps en mouvement en vous reconnectant à la respiration. C'est le moyen le plus simple et le plus efficace pour inviter votre ressenti et revenir à sa pleine présence. Votre respiration – un lien permanent entre l'intérieur et l'extérieur – vous guide pour clarifier les raisons pour lesquelles vous dansez aujourd'hui, ce à quoi vous dédiez vos mouvements : vous pourrez poser une intention.

Vous continuerez en bougeant d'une manière circulaire, en suivant le flot de votre corps et en ravivant votre essence cyclique. Cela vous permettra également de ralentir et d'honorer votre rythme unique dans ce voyage, en revenant à une expérience du temps basée sur vos sensations.

Pour augmenter votre capacité à ressentir, vous amènerez votre attention sur le cœur, qui devient le guide du voyage pour les minutes suivantes. Il s'agira de vous entraîner à suivre votre cœur physique et de le réveiller en accordant vos mouvements au rythme de la musique.

Après vous être entraîné à suivre votre cœur pour l'entendre plus clairement, vous laisserez votre bassin, lieu majeur de l'énergie de création dans votre corps, vous guider. Pendant le temps d'une chanson, votre bassin vous guidera comme si personne ne vous avait jamais dit comment bouger, en explorant votre capacité à bouger d'une manière qui vous fait du bien, ou qui vous semble juste.

Maintenant plus connecté à votre corps, ce sera le moment de l'utiliser pour porter vos intentions, vos prières, avec notamment des mouvements de Yoga. Il ne s'agit pas ici d'aligner votre corps parfaitement des orteils au sommet de la tête, mais d'aligner votre corps avec la Terre et le Ciel, et de l'utiliser comme un moyen de porter vos prières, de bouger intentionnellement.

Avec cette confiance d'être porté par plus grand que soi, et une forme d'abandon au divin, il deviendra possible d'explorer vos parts d'ombre sans en avoir peur, ou vous effondrer dedans, mais de danser avec elles comme avec un partenaire de danse. Cela peut réveiller de l'inconfort ou des sensations plus pesantes, mais également vous permettre d'accéder à une sagesse qui n'est disponible que dans ces profondeurs de votre être. Cela peut aussi vous permettre d'apprivoiser toutes vos facettes pour revenir à une sensation d'être complet, tel que vous êtes, sans avoir à prétendre que tout n'est que licorne et paillettes.

Cette part va toujours de pair avec la suivante : le *shaking*. C'est ici que vous testerez toute l'hypothèse du Qoya de revenir à votre essence par le mouvement. Comme les animaux dans la nature, qui secouent leur corps après un choc pour se libérer des sensations physiques liées à l'événement, vous secourez pendant dix secondes chaque partie de votre corps puis votre corps tout entier.

En groupe ou seul, ce sera le moment où vous vous reconnecterez à l'énergie collective : bien qu'une partie de ce voyage – qu'est la vie – se fasse seul, nous sommes tous ensemble dedans ! Et il existe une joie de bouger... pour le simple plaisir de bouger. L'une des caractéristiques humaines est de ressentir de la joie à bouger en rythme avec d'autres. On ravive cette énergie par une danse chorégraphiée très simple, dans l'unique but de s'amuser.

L'expérience ultime est la danse libre, où vous danserez dans votre pleine expression. Il n'y aura pas d'indication, ni de meilleure façon de faire que la vôtre, que cela vous fasse traverser une pièce en sautant ou danser de manière minimaliste, les yeux fermés.

Suite à ce voyage, vous partagerez et commencerez à intégrer et élaborer par la parole si vous dansez avec une ou d'autres personnes. Cette phase peut aussi passer par l'écriture. Cela permet de clarifier et ancrer ce que le mouvement vous a révélé, les sensations et la sagesse qui se sont remémorées à vous, et comment les intégrer plus dans nos jours et semaines à venir. Cela vient également nourrir la puissance de la communauté.

Vous approfondirez ensuite avec des étirements guidés par la relaxation de votre corps. Au lieu de tirer pour créer plus de flexibilité, vous allez continuer à écouter les sensations dans votre corps pour guider vos étirements en suivant votre respiration. Enfin, l'intégration finale se fera par une relaxation au sol, sans guidance, pour laisser le repos et le calme vous permettre d'apprécier et revenir pleinement à vous-même avant votre prochaine aventure.

C'est le voyage dans lequel le Qoya invite chacun lors d'un cours, mais il peut également s'appliquer à la vie à plus grande échelle. C'est aussi le voyage que suit ce livre. Prenez le temps d'explorer chaque partie et laissez-la résonner en vous afin que vos ressentis deviennent vos guides vers une vie plus sage, sauvage et libre.

NORD
OUEST
EST
SUD

PILIER 1 :
CRÉER UN ESPACE SACRÉ

En Qoya, on s'appuie sur une cocréation avec les forces invisibles qui nous relient, peu importe la façon dont on les nomme, en créant un espace sacré. Par cela, on entend la Terre, les différents règnes (animal, végétal, minéral), les astres, les ancêtres, etc. Il s'agit de sortir de la perspective de l'ego qui agit tout seul, à une perspective où l'on est un avec ce qui nous entoure.

Créer un espace sacré est l'idée de s'engager dans une cocréation, de s'ouvrir à être le canal d'une communication avec quelque chose de plus grand que nous.

Il existe, dans l'invisible, une quantité innombrable d'aide et de présences. On peut les nommer guides, anges, ancêtres, esprit de la nature, esprit de l'amour, etc. On peut n'avoir aucune connaissance dans ce domaine, on peut avoir des doutes, on peut être là où l'on en est dans ce chemin. L'idée est de demander à ce qui a du sens pour nous, qu'on l'imagine comme des présences individualisées (la Vierge Marie, notre défunte grand-mère, l'esprit du Jaguar, etc.) ou comme une grande énergie englobante.

Il s'agit d'inviter une vision plus grande et d'appeler du soutien pour nous et les personnes éventuelles que nous inviterons dans cet espace.

Toutes les énergies ou présences de l'invisible sont dévouées à nous aider. Il suffit pour cela de demander[16]. Cette action ne nécessite pas de partager de croyances précises, juste d'être ouvert à recevoir l'énergie et le soutien d'autres plans d'existence. Il est courant et normal de ne pas avoir connu de relation à l'invisible ou d'avoir une forme de scepticisme ou de résistance. Il s'agit ici de s'ouvrir à ce qui est le plus juste pour nous, à notre propre rythme et d'observer ce qu'il se passe quand on demande de l'aide à l'invisible.

Pourquoi appelle-t-on le Sacré ?

Pour que l'espace soit soutenu par des forces bien plus grandes que la nôtre. Pour se sentir protégé. Pour appeler la transformation. Pour s'abandonner à notre plus grande destinée. Pour accepter l'aide. Pour ancrer et déclarer notre volonté à créer avec ce qu'il y a de plus grand.

Toutes les professeures de Qoya créent un espace sacré avant chacun de leur cours. C'est leur manière de demander de l'aide et de prévenir l'Univers que ce qu'il va se passer est l'un de ces moments où la magie peut opérer et la transformation qui l'accompagne, peut être enclenchée. Créer un espace sacré, pour un cours de Qoya, pour un événement particulier, la création d'un projet, un dîner avec des amis, une réunion entre collègues, est l'une des manières pour demander à être protégé et à être guidé dans cette expérience. C'est l'une des façons de s'engager clairement dans une relation avec le divin et de cocréer ensemble.

16. Le livre d'Esther et de Jerry HICKS, *Demandez et vous recevrez : les lois de l'attraction et de la manifestation selon l'enseignement d'Abraham*, J'ai lu, 2016, est une bonne ressource sur ce sujet.

Dans un cours de Qoya, vous verrez la plupart du temps un autel au milieu de la pièce avec des cartes d'oracle et des objets sacrés. Vous ressentirez très probablement une énergie particulière. Dans notre âme, un espace retrouve cette sensation de sanctuaire, cette sensation de pouvoir se reposer, se déposer dans l'espace en toute sécurité. L'ambiance est très différente de celle d'un cours de fitness par exemple. Cette différence tient à l'énergie qui a été appelée auparavant par la personne qui ouvre et tient l'espace.

On peut appeler le sacré à tout moment de sa journée, avant une méditation, avant quelque chose sur lequel on souhaite être soutenu (un projet sur lequel on travaille, l'envoi d'un e-mail complexe, etc.), avant une réunion, un voyage ou juste au début de sa journée. Dans un cours de Qoya, pour mes patients en session individuelle ou dans n'importe lequel de mes ateliers, j'appelle toujours le sacré pour que le soin et la transformation soient soutenus par les énergies dans lesquelles j'ai confiance.

J'appelle également le sacré et les anges du voyage avant de prendre un avion. Il est d'ailleurs très courant que j'aie deux ou trois sièges libres pour moi seule, ou que je fasse une rencontre qui égaye mon voyage. Récemment, lors d'un voyage en Pologne, tout semblait plus complexe que d'habitude. Je fus prise d'une crise de panique à mon arrivée à Varsovie, ce qui ne m'était pas arrivé depuis des années, et des enfants ont pleuré pendant tout le vol du retour, rendant mon voyage particulièrement épuisant. C'est seulement à l'arrivée que j'ai compris que, pour la première fois depuis des années, j'avais oublié de créer un espace sacré pour mon voyage en partant.

Comment appelle-t-on le Sacré ?

Depuis la sincérité de notre cœur. Il n'est pas de meilleure manière de créer un espace sacré que la vôtre, que vous l'ayez fait mille fois ou que vous ne l'ayez jamais fait. Il existe des manières traditionnelles, simples ou plus complexes. Il y a des rituels et prières qui ont plus de mille ans d'âge, portés par des peuples qui en maintiennent l'intégrité. Et il y a les rituels créés spontanément avec notre cœur, inspirés par un soir de pleine lune ou par une nuit de pleurs, seul sur son carrelage. Il y a des rituels gardés secrets et certains partagés partout dans le monde. La qualité d'un rituel ne dépend pas de l'argent dépensé, du temps passé à le préparer ou de la grandeur de l'installation. La qualité d'un rituel dépend de l'authenticité de votre cœur et de votre curiosité à vous laisser guider par les éléments. La qualité d'un rituel dépend de la relation que vous créez et entretenez à ce que vous y mettez.

Tout est question de relation.

Il s'agit de votre relation à ce que vous créez, votre relation à ceux qui partagent avec vous ce rituel, cet espace sacré dans le visible et dans l'invisible. Votre relation au fait d'allumer une bougie, d'utiliser des pierres auxquelles vous êtes attaché, de réciter une prière, d'utiliser des huiles essentielles, des fleurs ou des statuettes. Et en termes de relation, la présence est la clé.

Concrètement, cela peut passer par le fait d'allumer des bougies, de créer un autel, brûler des herbes sacrées – telle la sauge – ou utiliser un spray d'eau de rose dans la pièce, méditer, danser, offrir une prière ou toute autre inspiration unique au moment. Il s'agit de notre présence et notre ouverture de cœur manifestées dans nos actes pour préparer l'espace.

L'une des prières communément faite avant un cours de Qoya est celle aux quatre directions, inspirée par la *Four Winds Society*, une école de chamanisme péruvienne avec laquelle Rochelle a étudié durant la création du Qoya. Vous êtes bienvenu à l'utiliser si elle vous inspire, en prenant soin de remercier dans votre cœur ceux qui contribuent à la transmission de cette tradition. Elle appelle, entre autres, les énergies et archétypes du serpent, du jaguar, du colibri et de l'aigle pour contenir l'espace et offrir leur médecine.

En faisant face au sud
« Aux vents du sud,
Grand serpent,
Enveloppe-nous de tes anneaux de lumière.
Enseigne-nous à nous départir du passé
Comme tu te dépouilles de ta peau,
Permets-nous de ressentir les plaisirs de l'Incarnation.
Comme toi qui as ton ventre sur la Terre,
Permets-nous d'ancrer fermement nos pieds sur le sol.
Puisses-tu nous rappeler de tout faire avec beauté.
Aho. »

En faisant face à l'ouest
« Aux vents de l'ouest,
Mère et Sœur Jaguar,
Puisses-tu marcher autour et
Protéger cet espace de guérison.
Élève-nous dans notre plus haute intégrité
Et aide-nous à nous découvrir dans ce monde physique et tangible,
Et quand nous traversons le pont arc-en-ciel du monde des Esprits.
Enseigne-nous comment entendre et suivre nos instincts comme tu le fais bravant la peur.
Aho. »

En faisant face au nord
« Aux vents du nord,
Colibris, grands-mères et grands-pères,
Ancêtres,
Venez réchauffer vos mains à notre feu.
Tel le colibri, qui se souvient de milliers de fleurs mais se rend seulement vers celles qui le nourrissent vraiment,
Faites la lumière où se trouve notre nectar dans la vie,
Et donnez-nous la discipline de nous y rendre plus souvent.
Tel le petit colibri qui voyage dans une aventure héroïque du Canada au Brésil tous les ans,
Alignez-nous dans notre chemin d'Âme.
Qu'il soit doux.
Puisse-t-il y avoir plus de place dans nos vies pour qu'elles soient remplies de magie, de synchronicités, de grâce et de facilité.
Chers Ancêtres, vous qui étiez là avant et vous qui serez là après nous,
Puissiez-vous guider notre chemin et murmurer votre sagesse dans nos esprits, nos oreilles, nos cœurs et nos âmes pour que nous puissions vous entendre.
Aho. »

En faisant face à l'est
« Aux vents de l'est,
Aigle et condor majestueux,
Viens vers nous au soleil levant.
Rappelle-nous ce que c'est de voler aile contre aile avec le Grand Esprit.
Donne-nous le courage de rêver nos rêves plus grands et d'explorer au-delà de ce que nous connaissons, à la source de nos pensées, émotions et croyances, non par probabilité mais par possibilité.
Aho. »

En venant près de la Terre pour la toucher

« Douce douce douce Terre Mère, Pachamama.
Merci pour tout ce que tu nous as donné.
La nourriture qui pousse dans nos champs.
Les matériaux qui font nos vêtements et maisons.
La beauté de nos océans, montagnes et couchers de soleil qui remplissent nos âmes.
Enseigne-nous comment t'honorer en honorant toutes tes créations.
Le règne minéral, le règne végétal.
Les quadrupèdes, les bipèdes, les rampants.
Celles avec des nageoires, celles avec de fourrure et celles avec des ailes.
Enseigne-nous comment voir le fil doré et les cadeaux dans chaque chose de nos vies.
Et quand nous arriverons à un état de pure gratitude,
Montre-nous comment nous pouvons être au service et un gardien de tes origines et comment nourrir des créations Sacrées.
Aho. »

En se tournant vers le ciel

« Au Ciel ci-dessus
Père Soleil, Grand-mère Lune, Frères Étoiles, Sœurs Étoiles, Grand Esprit,
Toi qui es connu sous des milliers de noms
Et qui est aussi l'Innommable.
Grand Mystère,
Puisses-tu entendre nos prières pour briller.
Comme tu brilles inlassablement ta lumière dans ce monde,
Guide-nous pour savoir comment nous pouvons faire de même.
Au soleil radiant.
À la Sagesse des Cycles Lunaires.

À la luminescence unique de chaque étoile.
Enseigne-nous comment danser avec les mystères de la vie et à célébrer chaque moment
comme on chérit le cadeau de chanter la mélodie de la vie un jour de plus et danser la danse de la vie une nuit supplémentaire.
Aho. »

En plaçant une main sur son cœur
« Et au cœur enseignant.
Puisses-tu nous guider.
Puisses-tu être la source de chaque pensée, émotion et action.
Puisses-tu être l'endroit d'où l'on perçoive les autres et leurs actions.
Permets à l'Amour qui nous a guidés ici de nous guider à travers.
Aho. »

L'idée de créer un espace sacré peut être la chose la plus naturelle et ne demander aucune explication pour vous. Cela peut aussi être la chose la plus étrangère et ne faire aucune espèce de sens aujourd'hui dans votre vie. Pour beaucoup de personnes nées ou ayant grandi en Europe, et spécifiquement en France, le scepticisme est une valeur très forte. Pour beaucoup, le doute est ce qui maintient la liberté et la souveraineté. Autorisez-vous à créer un espace sacré en honorant les doutes en vous et en vous ouvrant juste à une expérience nouvelle.

Prenez un instant pour ressentir ce qui vous ferait le plus envie. Est-ce que vous aimez les bougies ? Les huiles essentielles ? Est-ce que certaines musiques calment votre système nerveux ? Vous préférez le silence d'une méditation ? Est-ce que vous aimeriez créer un autel spécifique avec des objets que vous aimez ?

Une manière courante de faire est d'avoir un petit autel avec les objets qui vous sont chers : comme des pierres, des photos, des statuettes, des éléments de la nature. Il peut s'agir de méditer, prier ou même de nettoyer l'espace dans lequel vous êtes avec l'intention d'appeler le sacré et d'avoir un espace clair. Vous pouvez piocher une carte d'oracle pour recevoir une guidance ou de la clarté.

Il n'est pas nécessaire d'utiliser uniquement des éléments perçus comme sacrés. Vous pourriez par exemple dresser un autel avec des galets que vous avez rapportés de vos vacances d'été, des photos de vos enfants et une bougie. L'important est que cela vous semble juste, et non que vous ressembliez à d'autres.

Cela peut prendre une minute ou deux heures, il n'y a aucune limite.

Le seul moyen de savoir que vous le faites bien est que cela vous fait du bien.

Faites l'expérience pour vous : ouvrez un espace sacré avant différents moments de votre semaine, et parfois, ne le faites pas. Notez. Notez les différences. Notez si vous vous êtes senti différent, plus ou moins soutenu. Notez comment les choses se sont passées pendant et après. Amusez-vous à tester des choses, à noter les différences quand vous appelez ou n'appelez pas l'espace sacré aux différents endroits de votre vie. Et n'oubliez pas, il peut s'agir juste de prendre une grande inspiration et demander, depuis son cœur ouvert et sincère, à être guidé.

Aussi, n'utilisez pas le sacré ou les rituels comme un moyen supplémentaire de nourrir l'idée que vous n'êtes pas suffisant ou ne savez pas faire. Tous les rituels ont été créés par quelqu'un. Le perfectionnisme n'a pas sa place dans la relation au sacré.

Quand on ouvre un espace sacré, il est important de penser à le refermer, ce qui consiste simplement à remercier les énergies que vous avez appelées et à ranger votre matériel si vous avez utilisé des cartes, cristaux, etc.

À vous de jouer ! Prenez un moment pour ouvrir cet espace pour vous et noter d'éventuelles différences de sensations. Et surtout, amusez-vous. Le sacré n'est pas plus sacré quand il est sérieux.

Créer un autel pour honorer d'où l'on vient

Un autel est un lieu porteur d'une certaine énergie. C'est un lieu qui porte une vibration unique, habitée et nourrie par ce qui s'y trouve. Créer un autel vous permet de clarifier pour vous l'énergie que vous souhaitez appeler, pour vous guider, vous protéger, vous soutenir pour avancer dans vos prochains pas.

Dans ce rituel, vous êtes invité à explorer une manière d'honorer vos origines : vos ancêtres, la terre en général et celle en particulier d'où vous êtes originaire. Le Qoya accorde beaucoup d'importance à la notion de révérence, notamment aux ancêtres et à la terre. Beaucoup de nos cultures occidentales se sont coupées de ces liens, voire tentent de les renier. Nous avons perdu la révérence à ce qui nous a construit. Pourtant, la vision de notre vie elle-même a été portée et nourrie par nos ancêtres et par les terres qui ont fourni ce qui nous a permis de manger, de grandir, de devenir la personne que l'on est. Par ailleurs, il est également courant d'avoir des blessures liées à notre histoire personnelle autour de nos familles, ou de lieux porteurs de souvenirs d'événements douloureux.

Honorer ne signifie pas *glorifier* en niant ou en omettant la peine. Il s'agit de reconnaître les choses, les personnes, les lieux pour ce qu'ils sont, dans leur entièreté, ce qui inclut de percevoir leur rôle dans la possibilité même de notre existence.

Pendant longtemps, la transmission de la souffrance de mes ancêtres de génération en génération jusqu'à moi, était l'héritage le plus impactant que je percevais d'eux. La solution la plus saine à cette époque était de m'en éloigner suffisamment pour comprendre, commencer à me soigner et me réclamer comme un individu autonome, capable de construire une autre histoire.

Lorsque l'on souffre d'une brûlure ou d'un coup de soleil, on doit cesser de s'exposer pendant quelque temps pour réparer l'épiderme. De la même façon, il est courant d'avoir besoin d'espace vis-à-vis de notre famille. Mais, tout comme la relation avec le soleil, une fois suffisamment soigné, on peut se permettre de revenir sous le soleil et dans nos familles, en connaissant mieux nos limites et en les appréciant pour ce qu'ils sont. Bien qu'il soit capable de brûler, sans le soleil, aucune vie n'existerait sur Terre. Bien que porteurs et perpétrateurs de blessures, sans nos ancêtres, nous ne serions pas là aujourd'hui.

Malgré leurs erreurs, leurs blessures et leurs peines, notre vie aujourd'hui est le résultat de leurs visions, de leurs rêves, de ce qu'ils ont souhaité. Que leurs choix semblent, dans notre regard d'aujourd'hui, plus ou moins judicieux, la personne que nous sommes est le résultat de toutes ces personnes qui ont donné et nourri la vie de tous nos grands-parents, de nos parents et la nôtre. Honorer ses ancêtres, c'est reconnaître leur implication dans ce que l'on vit aujourd'hui et la façon dont notre vision a été et est soutenue par la leur.

D'où l'on vient comprend également la terre, et spécifiquement celle qui nous a vu grandir. La terre porte les fruits et légumes qui nous nourrissent, les matériaux avec lesquels sont faits nos maisons, nos vêtements, les rivières dans lesquelles on se baigne, les arbres sous lesquels on se met à l'ombre, etc. Tout ce que nous avons nous vient de la terre. Notre vie n'est possible que sur une planète qui prend soin des besoins humains comme la nôtre le fait.

En érigeant un autel incluant la terre, vous activez en vous la remémoration de votre interconnexion à tout ce qui est et vous vous ouvrez à plus de cocréation, plus de soutien, plus de guidance.

Choisissez l'endroit où vous voulez créer votre rituel. Il peut être aussi petit ou aussi grand que vous en avez envie. Quand j'ai de l'espace, il n'est pas rare que mon autel fasse un quart de la pièce. Et quand je voyage, il se résume à quatre ou cinq petits objets que je pose sur ma table de chevet en arrivant dans un nouveau lieu.

Pour chacun de vos ancêtres, placez un objet qui les représente. Cela peut être une photo, un objet qu'ils vous ont donné, mais aussi quelque chose qui soit un symbole. Si votre mère adore les fleurs, vous pouvez par exemple placer des fleurs sur votre autel. Si votre grand-père adorait le vélo, vous pouvez placer une sonnette de vélo. Si votre grand-mère rêvait de liberté et essayait d'en trouver dans sa vie quotidienne, vous pourriez par exemple mettre une statue de la Liberté.

Ensuite, placez des objets relatifs à la terre qui vous a vu grandir. Cela peut être des pierres, des feuilles d'arbre, des photos, des symboles ou quoi que ce soit qui ait du sens pour vous.

Au fur et à mesure du temps, vous pouvez tout à fait changer, ajouter ou enlever des choses à votre autel. C'est un espace vivant et adaptatif.

Si vous n'avez pas d'objets, pas assez de place ou ne souhaitez ou ne pouvez pas créer un autel physique, une autre manière de faire est de nommer par la voix. Alvie McKree, ritualiste et enseignante de Qoya Maori partage : « Dans la tradition Māori d'Aotearoa (en Nouvelle-Zélande), nous

nous présentons *via* notre “pepeha”, une façon formalisée de faire des présentations. Il existe de nombreuses façons de le faire et chaque tribu a une approche légèrement différente. Les traditions polynésiennes varient d’une région à l’autre de l’Océanie, mais il y a beaucoup de similitudes et de croisements dans notre façon de faire les choses.

Voici la méthode de Māori, telle que ma grand-mère me l’a enseignée. Lorsque je me présente aux autres que je rencontre pour la première fois, je vais suivre ce format :

- je vais nommer ma montagne tribale, généralement (mais pas toujours) le plus haut sommet de notre pays tribal ;
- ma rivière tribale/l’océan/la masse d’eau (encore une fois, ce qui est le plus proche et qui s’écoule) ;
- là où sont les tribus auxquelles j’appartiens ;
- le canoë qui a amené nos ancêtres à cet endroit ;
- le nom de notre (nos) ancêtre(s) tribal(aux) commun(s) ;
- le nom de notre lieu de rencontre tribal ;
- le nom de famille et les prénoms de mes grands-parents ;
- les prénoms de mes parents ;
- et enfin, je partage mon propre prénom.

Toute personne étant inspirée à utiliser une approche similaire peut revenir à sa propre lignée, son lieu de naissance et trouver sa montagne, sa rivière, etc. C’est très réconfortant de pouvoir nommer “sa place” sur cette terre et son lien avec elle, même si cela prend parfois du temps pour trouver les réponses. »

Si vous êtes inspiré à utiliser cette tradition de manière rituelle, il est important de les nommer à voix haute. Le son porte une vibration spécifique. Il y a une différence importante entre penser depuis sa tête ou depuis son cœur et porter sa voix. Pour ce rituel, utilisez votre voix. Aussi, nommez et remerciez Alvie, depuis votre cœur si vous êtes seul ou à voix haute si vous partagez ce rituel, pour le transmettre généreusement ainsi que toutes les personnes à travers le temps qui ont contribué à nourrir et faire exister ces transmissions.

Prenez un instant pour ressentir l'énergie créée par le fait d'ouvrir l'espace sacré de cette manière et de vous reconnecter à votre lieu d'origine. Puis notez comment vous vous sentez et ce qui a émergé en vous.

Comment vous sentiez-vous avant de créer l'autel ?

Que cela a-t-il fait émerger pour vous dans votre relation à vos lignées ?

Que cela a-t-il fait émerger pour vous
dans votre relation à la terre ?

Comment vous sentez-vous
après avoir créé l'espace sacré ?

Vulnérabilité

PILIER 2 : L'AUTHENTICITÉ

Le Qoya s'appuie sur l'idée qu'à travers le mouvement, nous nous souvenons. Nous nous souvenons que notre essence est sage, sauvage et libre. Sage, sauvage et libre fait également référence aux formes de mouvements pratiqués dans un cours de Qoya :

- sage, pour la sagesse des pratiques ancestrales telles que la méditation ou le yoga ;
- sauvage, pour l'expression créative issue de la danse libre ;
- libre, pour la capacité à ressentir du plaisir dans son corps et à suivre cette sensation comme guide à travers les mouvements sensuels, associés au féminin.

Vu de l'extérieur, le Qoya est un mélange de yoga, de danse et de mouvement féminin pour incarner votre être sage, sauvage et libre. Mais... le Qoya est plus que cela. En Qoya, il est impossible de se tromper, et **le moyen de savoir que l'on fait bien, est que cela nous fait du bien**. On s'intéresse moins à ce que l'on ressemble, et plus à ce que l'on ressent.

Dans notre environnement actuel, la danse est souvent un art visuel destiné à être vu pour quelqu'un de l'extérieur. Le Qoya explore une perspective alternative. On explore comment bouger notre corps en suivant uniquement nos ressentis et sans nous soucier du regard extérieur.

Ce qui fait la différence entre les séances de Qoya est le thème choisi par la personne qui offre le cours ou pour soi-même, dans un cours que l'on se crée. Et ce qui fait la puissance d'une session de Qoya est l'authenticité de chacun dans cet espace, à commencer par la personne qui le donne. La vulnérabilité et l'honnêteté avec laquelle elle va s'ouvrir vont donner le ton de la profondeur et de l'authenticité à laquelle les personnes présentes peuvent s'ouvrir. Si vous prenez un cours en personne, vous entendrez toujours la facilitatrice partager une histoire, une résonance de sa vie personnelle avec le thème. C'est l'idée de guider par l'exemple, de montrer la voie. En se montrant vulnérable et authentique, on invite les autres à faire de même. Dans une session seule, cette authenticité pourra être trouvée en écrivant ou en prenant un moment pour nommer pour soi où l'on en est exactement.

Il devient urgent de favoriser un monde où l'on ne ferait pas ressentir de honte ou de culpabilité aux personnes qui ressentent leurs émotions, parce qu'elles leur font de la place, ou parce que les émotions elles-mêmes la prennent ; un monde – y compris professionnel – où l'on se sente en sécurité et invité à ressentir avec honnêteté et vulnérabilité.

L'espace de la vulnérabilité est celui qui nous permet de créer des connexions sincères et de ressentir un sentiment d'appartenance. La sensation de connexion est ce que l'on cherche tous. C'est notre raison d'être et de continuer à avancer, c'est là que l'on trouve l'énergie qui nous nourrit. La vulnérabilité est l'endroit où l'on ne prétend pas que l'on maîtrise tout, où l'on se présente comme humain, en face d'autres humains, avec humilité et ouverture.

Brené Brown[17], chercheuse et spécialiste sur les questions de la vulnérabilité, définit la connexion comme l'énergie qui existe entre les personnes lorsqu'elles se sentent vues, entendues et valorisées, et quand elles peuvent donner et recevoir sans jugement. La vulnérabilité va venir nourrir le sentiment d'appartenance, en offrant au monde et à nos relations notre identité authentique et imparfaite. Si nous pouvons partager notre histoire avec quelqu'un qui réagit avec empathie et compréhension, la honte ne pourra pas survivre. Au contraire, si nous échangeons notre authenticité contre de la sécurité, nous risquons de faire l'expérience de l'anxiété, la dépression, des troubles de l'alimentation, la dépendance, la rage, le ressentiment et un chagrin inexplicable.

Brené Brown dit : « La vulnérabilité est le lieu de naissance de l'amour, de l'appartenance, de la joie, du courage, de l'empathie et de la créativité. C'est la source d'espoir, d'empathie, de responsabilité et d'authenticité. Si nous voulons plus de clarté dans notre but ou des vies spirituelles plus profondes et plus significatives, la vulnérabilité est le chemin. Rester vulnérable est un risque que nous devons prendre si nous voulons faire l'expérience de la connexion. »

Contrairement à d'autres disciplines, en Qoya la principale différence est que la personne qui guide une session ne le fait pas depuis une perspective de sachant.

Elle arrive, avec l'ouverture de son cœur, avec l'honnêteté de ses réussites et ses challenges, et l'offre aux participants pour qu'ils puissent se sentir en sécurité pour être qui ils sont, et ressentir vraiment ce qu'ils ressentent sans avoir à prétendre.

---

17. Brené Brown, *Le Pouvoir de la Vulnérabilité*, Guy Trédaniel, 2014.

En Qoya, on est tous dans la même danse, dans la même aventure de la vie. Personne ne sait mieux ressentir que vous ce que vous ressentez, et personne ne fait de meilleurs choix que les vôtres pour vous. Il s'agit d'un espace et d'une communauté qui partagent depuis l'humilité d'avancer de son mieux, et d'explorer sans position hiérarchique de sachant et apprenant. La personne qui tient l'espace – le facilitateur, l'enseignant ou le professeur – est juste une personne qui guide l'aventure, pour elle et pour les autres. De la même façon, en Qoya, il n'y a pas de correction, d'encouragements ni de commentaires sur la façon dont quelqu'un bouge (même si le commentaire se veut positif).

La vision du Qoya est d'abord d'inviter chacun à bouger et partager d'une manière authentique, durant l'espace d'une session, pour pouvoir éventuellement amener cela aux autres domaines de sa vie. Cette perspective change intimement et profondément la façon d'envisager toute la vie. Elle est de celle pour lesquelles il est impossible de revenir en arrière une fois qu'on l'a adoptée.

Lors d'un cours que je donnais, je partageais certaines des peurs que j'avais traversées de nouveau récemment et de mes difficultés à porter ma voix dans certains espaces au point que j'ai parfois la voix tremblante juste pour demander un verre d'eau dans un avion de peur de déranger. Une femme, surprise, m'a demandé : « Avec tout le travail que tu fais, tu vis toujours ces peurs ? » Quand on me voit, pleine d'assurance, guider des dizaines de personnes à bouger leur corps, en faisant des blagues et en toute souplesse, il est facile de projeter que j'arrive à porter ma voix en tout temps. Si cette projection peut être inspirante, elle crée aussi une forme de déconnexion où l'on voit la personne en situation de leadership comme « plus forte, plus avancée, n'ayant plus de difficultés » et par opposition, soi comme étant encore empêtrée dans le chemin. En offrant son authenticité et sa vulnérabilité, on crée de la connexion et l'on se souvient que l'on est tous ensemble dans ce chemin.

En posant l'authenticité comme valeur première, le Qoya porte clairement la vision d'un changement de paradigme qui passe, entre autres, par une reconsidération du leadership. Chacun peut parler depuis là où il est, avec l'humilité de savoir ce qu'il sait, et ne pas savoir ce qu'il ne sait pas.

L'authenticité demande beaucoup de courage, mais offre un espace de vérité et de bienveillance qui crée un effet domino. L'authenticité invite l'authenticité. Et nous en avons besoin !

Y a-t-il des endroits dans votre vie (famille, groupe d'amis, travail, etc.) où vous ne vous sentez pas à l'aise à ressentir la réalité de vos émotions ?

À quoi cela ressemblerait-il, pour chacun de ces contextes, de faire un pas vers plus d'authenticité ?

Quel pourrait être un pas, même un micro-pas, pour inviter plus d'authenticité pour vous ?

Pensez à un moment de votre vie où vous vous êtes autorisé à être plus vulnérable et à partager vos ressentis et votre vérité. Racontez-le rapidement.

Était-ce un contexte bienveillant ? Cela a-t-il changé quelque chose dans la posture de votre interlocuteur ?

Clarifier le thème de vos explorations

Chaque session de Qoya a un thème. Il est l'énergie qui sous-tend le cours. Si vous souhaitez vous créer un cours, ou même juste une série de mouvements, le thème est la base de ce que vous souhaitez explorer.

Danser sur un thème que l'on choisit pour soi offre une médecine incroyable et nous permet d'avancer avec grâce, dans le mouvement de la vie, sur les sujets qui sont les nôtres. Ainsi, selon ce que vous souhaitez nourrir, vous pouvez créer une session qui corresponde exactement à vos besoins : prendre soin de soi, ouvrir son cœur, affronter ses peurs, danser dans le chaos, trouver l'équilibre, etc. Les thèmes sont aussi infinis que les possibles expériences de nos vies et plus encore ce vers quoi l'on tend. Ils sont une manière incroyable de se créer un outil de soin sur mesure en fonction de ce dont on a exactement besoin.

Il y a quelques années, j'ai appris que j'étais victime d'une usurpation d'identité. Quelqu'un m'avait volé mes papiers plusieurs mois auparavant, et je découvrais soudainement les conséquences brutales sur ma vie. Au-delà de la complexité administrative et bancaire, j'étais en état de choc que quelqu'un ait utilisé mon nom et mes informations personnelles pendant tout ce temps et commis des délits et fraudes. Mon identité était attaquée et cela créait un bouleversement interne plus grand que je ne l'aurais imaginé. J'étais en état de choc, très en colère et effondrée des possibles conséquences à court et à long terme. Pendant plusieurs semaines, j'ai utilisé la médecine du Qoya pour avancer avec ce qui créait une forme de traumatisme dans ma vie, évoluer et soigner ma relation à cette nouvelle donne. En regardant mes playlists de Qoya de l'époque,

*elles reflètent les thèmes : « Être fière d'être soi »,
« Ancrer son identité dans le monde », « Il n'y en a qu'une comme vous ! »*

Prenez un moment pour explorer quels seraient les thèmes sur lesquels vous auriez le plus besoin de danser dans votre vie actuellement. Quels sont les thèmes présents actuellement dans votre vie ? Vers quoi aimeriez-vous tendre ? Que souhaiteriez-vous ressentir ?

Quelles sont les leçons que vous avez apprises ou apprenez ces temps-ci ?

Est-ce que vous apprenez à aller plus avec le flot et à faire confiance à la vie elle-même ? Ou est-ce que vous explorez plus de liberté dans votre vie ?

Vous lancez-vous dans une nouvelle histoire amoureuse ou un nouveau projet ? Ou peut-être arrivez-vous à l'un de ces tournants où vous comprenez que vous ne pouvez plus vous mettre en second plan et devez être le centre de votre attention, prendre du temps pour vous et augmenter votre amour-propre ?

Quels sont les endroits où vous souhaitez aller ?
Les blocages sur le chemin ? Les célébrations ?

Si vous deviez danser un thème en Qoya,
lequel serait le plus authentique et approprié ?

Les Cartes d'Oracle

L'idée du Qoya n'est pas de prouver une quelconque croyance spirituelle, mais d'ouvrir chacun à être la version la plus grande et honnête de soi-même.

On peut percevoir les cartes comme l'une des manières de cocréer et communiquer avec l'invisible. Il s'agit donc d'une réponse à une question, ou d'une ouverture à une perspective que l'on n'a pas explorée.

On peut aussi croire que c'est un hasard qui ne dit rien de notre futur, mais la carte, par son dessin, ses mots et le monde symbolique qu'elle ouvre, vient nous aider à transitionner du mental contrôlant au corps ressentant. La carte est un accès vers le symbolique, vers une lecture du monde qui se fait par un spectre autre que celui de nos pensées et croyances. Enfin, le partage de cette carte permet de sentir la sensation de connexion. Cela permet d'entrer dans plus de profondeur et d'intimité, avec soi, et éventuellement avec une autre personne.

Piocher une carte en début de cours, en début de journée ou pour répondre à une question est un des moyens par lesquels on commence à infuser le sacré et cette idée que l'on est soutenu par des forces plus grandes dans cette aventure qu'est la vie. Selon les cartes et les jours, elles peuvent venir répondre à des questions que l'on se pose, ou amener notre attention sur des choses ou des concepts qu'il serait bon pour nous d'explorer.

Les cartes nous ouvrent au royaume du symbolique et nous sortent de la pensée linéaire. Soudainement, on pose notre attention sur une image, une phrase, un nombre et si l'on joue le jeu de l'exploration, la carte va nous amener à nous reconnecter avec la part de nous qui accède au symbolique et commence à lire les événements avec un autre œil.

Il n'est pas utile de croire en quelque chose de plus grand ou en une quelconque magie pour piocher une carte d'oracle. Cela va juste ouvrir votre être, de la même façon que vous pourriez regarder une peinture et commencer à connecter les images aux symboles.

Parfois, la carte sera comme une révélation, vous donnera confiance plus que personne n'aurait pu le faire et ressemblera à une grosse tape dans le dos donnée par l'Univers. D'autres fois, elle sera juste un moyen de vous reconnecter un peu plus avec vous-même et de relâcher votre mental de son flot de pensées habituel.

Dans un cours de Qoya, vous aurez l'occasion de partager avec une autre personne les raisons pour lesquelles cette carte vous parle spécifiquement à ce moment dans votre vie. Cela constitue un moyen de faciliter l'échange et l'ouverture entre deux personnes qui ne se connaissent peut-être pas.

Pour certains d'entre nous, il est très facile de partager en toute honnêteté et avec profondeur ce que l'on vit, même avec des étrangers. Mais de manière générale, il est plutôt commun de ne pas vraiment savoir quoi partager et jusqu'à quel point, si l'on nous demande de nous ouvrir à notre voisin ou voisine d'atelier que l'on connaît depuis moins de dix minutes.

La carte va créer un pont et donner une direction autour de laquelle partager. Elle va permettre à deux personnes de s'ouvrir l'une à l'autre avec l'aide d'un support et va souvent leur faire partager des choses plus profondes qu'elles ne l'auraient fait habituellement dans un échange de quelques minutes avec un inconnu.

Si vous dansez seul, prenez un moment pour écrire pour vous, pour partager par message ou mail avec quelqu'un en qui vous avez confiance.

Voici quelques-uns de mes oracles préférés :

- *L'Oracle du Chaman Mystique*, Alberto Villoldo, Colette Baron-Reid & Marcela Lobos ;
- *Les animaux-guides*, Catherine Sorolla Menassieu ;
- *L'Oracle des Rebelles Sacrés**, Alana Fairchild ;
- *Les portes de l'Intuition*, Vanessa Mielczareck ;
- *L'Oracle de Gaïa**, Toni Carmine Salerno ;
- *La Femme Sacrée*, Shushann Movsessian & Jemma Summers ;
- *L'Oracle des Déesses*, Doreen Virtue ;
- *L'Oracle de la Nature Sauvage de Kuan Yin**, Alana Fairchild ;
- *D'Âme à Âme*, Stéphanie Gras ;
- *Féminilune*, Monique Grande.

* Ces oracles sont aussi disponibles sur application mobile.

PILIER 3 : LE PLUS COURT CHEMIN POUR REVENIR DANS SON CORPS

La manière la plus rapide de revenir dans ses sensations est d'amener notre attention sur notre respiration. Généralement, cela amène à ralentir et approfondir nos inspirations et expirations. En faisant cela, on augmente naturellement les réponses dont notre corps a besoin pour s'autoréguler : régulation du système nerveux, réduction des pics de cortisol et d'adrénaline, libération des toxines, augmentation des taux d'endorphine directement liés à la sensation de plaisir et stimulation du système lymphatique comme partie essentielle du système immunitaire du corps.

Respirer est la porte d'accès la plus rapide aux sensations, pour passer des pensées aux sensations et « revenir dans son corps ».

D'un point de vue plus symbolique et spirituel, reprendre conscience de sa respiration est aussi le mouvement qui nous ramène aux cycles infinis, à la nécessité de remplir et vider, de s'ouvrir et de revenir sur soi. C'est l'élément le plus prégnant de notre cocréation constante avec le monde.

À chaque expiration, on fait entrer l'extérieur à l'intérieur de soi, on le laisse nous nourrir, nous remplir et nous transformer. Notre souffle, teinté de son voyage en nous, ressort et retourne dans l'Univers à chaque expiration, modifié par notre simple présence et l'acte de respirer.

En Qoya, on allie la respiration à des mouvements simples d'ouverture du corps pour commencer à explorer la sensation de s'ouvrir de la manière la plus juste pour nous. Souvent, le mouvement fait dépasser l'inertie ou la résistance initiale. Mais dans tous les cas, il est une invitation à exprimer par son corps la vérité que l'on ressent, la justesse de l'ouverture qui est la nôtre.

En ouvrant peu à peu notre corps, en commençant à ressentir notre rythme unique, à nous relier à notre capacité à exprimer par notre corps, on peut alors commencer à orienter nos mouvements dans le sens de nos intentions pour commencer à bouger dans cette direction. Il s'agit d'ancrer dans votre corps que votre mouvement est une métaphore de la vie, et de comprendre ce que votre cœur et votre être tout entier désirent. Quelle est l'intention pour laquelle on veut bouger aujourd'hui ? Qu'est-ce que l'on veut nourrir ou voir grandir dans notre vie ? À quoi veut-on dédier nos mouvements et nos respirations ?

Il s'agit de sortir d'un mouvement automatique, fonctionnel et souvent déconnecté, comme la plupart de ceux que l'on a dans une journée (se lever, se préparer, scroller sur son téléphone, etc.), pour inviter un mouvement intentionnel, incarné et donc connecté.

Aussi, il est fréquent dans nos sociétés que notre mouvement ne reflète pas nos intentions : que l'on souhaite profondément se reposer, mais que l'on participe à des événements qui nous demandent d'être sociables, que l'on souhaite vivre une vie à fabriquer des choses avec nos mains et que l'on continue tous les jours à travailler derrière un ordinateur.

Parfois, nos intentions ne sont pas claires pour nous. Le simple fait de prendre un moment pour clarifier ce que l'on souhaite réellement, la façon dont on souhaite se sentir, et de mettre notre corps en mouvement intentionnellement dans cette direction est un pas majeur et envoie un signal distinct à tout notre être : on va bouger d'une manière qui soutient ce que l'on veut nourrir et voir grandir dans notre vie.

Respirer et poser une intention

Le mouvement simple proposé dans cette partie peut avoir une répercussion bien plus grande qu'elle n'en a l'air dans votre vie, et cela peut valoir la peine de le tester une fois par jour, une fois par semaine, ou quand on souhaite revenir dans son corps, tranquilliser ses pensées et clarifier ce que l'on veut nourrir et voir grandir.

Comme tous les mouvements proposés dans ce livre et en Qoya, leur impact et puissance ne peuvent être ressentis que si on les fait réellement. La pensée de faire un mouvement, même si l'on imagine exactement ce que cela nous apportera, ne suffit pas.

Prenez un moment, debout, les pieds ancrés dans le sol, et amenez votre attention sur votre respiration. Prenez des inspirations de plus en plus profondes, et expirez totalement à chaque expiration. Il suffit en général de quelques respirations pour sentir un ralentissement et une relaxation de notre système nerveux.

Prenez maintenant la plus grande respiration que vous ayez prise depuis le début de cette journée. Et expirez lentement jusqu'à vider vos poumons.

Puis, après quelques respirations à votre propre rythme, amenez les bras vers le ciel à l'inspiration et laissez-les redescendre vers le sol à l'expiration. Laissez votre corps s'ouvrir et se relâcher en suivant le flot unique de votre respiration pour guider vos mouvements. Vous pouvez faire des mouvements aussi grands ou aussi petits que vous en avez envie, il ne s'agit pas de coordination ou d'exercice de musculation, mais de ressentir l'ouverture à travers la métaphore de votre mouvement et de votre souffle.

Après quelques mouvements, laissez venir à vous une intention pour votre pratique ou même pour votre journée, par exemple. Votre intention peut être une sensation « Je veux me sentir serein, confiant », quelque chose que vous souhaitez dans votre vie comme « une meilleure santé », « réussir mes examens », ou simplement danser pour quelqu'un.

Laissez venir votre intention par votre souffle sans la penser depuis votre mental. Comme si votre inspiration pouvait vous souffler l'intention qui doit être dansée. Laissez-vous surprendre par ce qui vient ! Quand vous avez votre intention, continuez les mouvements de bras en suivant vos inspirations et expirations, et répétez pour vous-même comme un mantra « Aujourd'hui je danse pour... », comme un moyen de clarifier et ancrer votre intention clairement dans chaque partie de votre être.

Faites ce mouvement encore quelques fois et continuez à répéter votre intention comme un mantra puis sur une inspiration, inspirez « Aujourd'hui je danse pour... » et venez l'installer dans votre cœur en amenant éventuellement vos mains sur votre cœur. Imaginez que votre cœur est l'endroit où vous plantiez la graine de votre intention pour qu'elle pousse, qu'il est le terreau fertile de votre intention. De la même façon que votre corps pompe le sang qu'il fait circuler dans tout votre corps, ressentez-le pomper votre intention et la diffuser dans chacune de vos cellules.

Inspirez encore une fois « Aujourd'hui je danse pour... » et diffusez votre intention dans la pièce dans laquelle vous êtes, qui accueille votre pratique aujourd'hui. Si vous le faites à plusieurs personnes, partagez-la dans le cercle que vous formez ensemble. Et puis inspirez « Aujourd'hui je danse pour... » et venez planter votre intention dans la terre, celle qui vous accueille au moment où vous dansez, et la Terre tout entière, pour qu'elle soutienne avec vous votre intention à chacun de vos pas.

Prenez un instant pour ressentir comment vous vous sentez après avoir respiré plus profondément, bougé et clarifié votre intention pendant trois ou quatre minutes.

EN MUSIQUE :

- *Familiar Ground*, The Cinematic Orchestra
- *Intention Feat*, Morley, EarthRise SoundSystem
- *Yemanja*, Rainer Scheurenbrand
- *Mountain Song*, Chenoa

Comment vous sentez-vous après avoir respiré consciemment et bougé au rythme de votre respiration pendant quelques minutes ?

Quelle intention est arrivée pour vous ?

Rituel d'intention lié aux cycles

L'un des rituels les plus simples que je pratique allie mes intentions à mes cycles menstruels. Vous pouvez le relier à tout autre cycle qui a du sens pour vous : celui des lunes, d'une semaine, d'un mois, d'une année.

En chaque début de cycle (le premier jour de mes règles), je fais une méditation (parfois juste de quelques minutes) ou une marche dans la campagne pour clarifier mes intentions pour le cycle à venir. Si je balaye les tâches spécifiques que je souhaite réaliser ou qui doivent l'être, je m'attache surtout à explorer comment je souhaite me sentir.

Pendant longtemps, je me fixais une liste d'objectifs concrets plus ou moins accessibles (plutôt moins que plus), prise entre mon enthousiasme, mon déni répété du nombre d'heures réelles contenues en une journée et une ambiance générale poussant à toujours accomplir plus. Je finissais invariablement frustrée et/ou épuisée, avec l'espoir qu'une fois cette liste cochée, j'aurais enfin du temps pour moi. Et mes listes, comme les vôtres, j'en suis sûre, ont toujours ce mystère et ce mauvais goût de ne jamais diminuer malgré le zèle que l'on y met.

La liste était un tapis roulant et je courais en sens inverse en me demandant tous les mois ce que j'avais raté pour ne jamais en venir à bout. Je finissais avec une sensation de frustration. Il m'aura fallu un certain nombre de tapis roulants pris en sens inverse pour comprendre que je me trompais de question : la vie serait toujours là, avec son lot de tâches. Si la satisfaction et le succès de mon mois résidaient dans le fait de ne plus avoir de liste, cela n'arriverait jamais. Alors, je décidai de changer ma définition du succès. À bien y regarder, la carotte au bout du bâton était la perspective de me sentir bien une fois toutes les lignes barrées. Et « bien » comportait une variation de « relaxée », « complète », « efficace », « enthousiaste », etc. Ce que l'on cherche est la sensation. L'expérience que l'on vit au quotidien est dans la façon dont on se sent, et non dans le nombre d'actions réalisées et le prétendu succès de nos objectifs.

Je suis sûre que vous avez déjà fait l'expérience d'un coup de fil à une amie qui semble être la chose la plus nourrissante, la plus fun et la plus énergisante pour votre journée. Et que ce même coup de fil avec cette même amie, quelques semaines plus tard, pris dans une autre dynamique, ressemble à une croix à cocher sur une liste et vous amène la culpabilité de ne pas être une bonne amie, de ne pas gérer votre emploi du temps, etc.

La réalisation de l'action, ou « barrer une tâche sur la liste », est seulement un moyen pour y arriver, et non la finalité. L'idée que la sensation de bien-être sera atteinte au moment où la liste est entièrement barrée comporte le risque de ne jamais se sentir bien.

Dans son ouvrage *The Desire Map*[18], Danielle Laporte décrit une méthode simple pour accéder à ce qu'elle appelle les *Core Desired Feelings* (sensations que l'on désire profondément ressentir) et les résume par quelques mots (d'un à cinq). Ainsi, on cesse le cycle de frustration des listes infaisables et l'on déconstruit également notre idée que la vie est une succession d'actions. On entraîne notre système à passer de *faire* à *être*.

---

18. Danielle Laporte, *The Desire Map : A Guide to Creating Goals with Soul*, 2014, non traduit.

Une fois avoir déterminé les sensations qui comptent le plus pour moi pour le mois à venir, je les note sur des petits papiers que je garde sur mon écran d'ordinateur ou sur mon bureau. Et je regarde mes actions sous ce biais. Par exemple, pour le mois à venir, je veux me sentir fiable, nourrie et reposée.

Quand j'ai une décision à prendre (donner une formation dans une autre ville, prendre des tâches de travail supplémentaires, accepter une invitation à dîner, appeler une amie, etc.), je regarde mes intentions et passe la décision dans le filtre des ressentis. Le fait d'accepter de dispenser cette formation dans une autre ville va-t-il contribuer à me sentir fiable à ma vision ou, au contraire, va-t-il me détourner des projets que j'ai déjà en cours ? Par ce dîner, vais-je me sentir nourrie et reposée ou va-t-il, au contraire, me demander de l'énergie sans m'en donner ?

Il n'y a pas de bonne ou de mauvaise réponse. Selon les périodes, nos objectifs seront différents. En regardant pas après pas si l'on agit dans le respect de nos intentions, on s'assure de se sentir en corrélation avec ce que l'on souhaite nourrir dans notre vie dans le moment actuel et on limite la frustration.

Souvent, au fur et à mesure que les décisions se présentent à nous, elles vont également permettre d'ajuster les mots et la façon dont on souhaite réellement se sentir. C'est un exercice intéressant pour continuer à clarifier ce que l'on veut vraiment. J'avais noté « efficace » en premier, avant de comprendre que ce que je souhaitais profondément en ce moment n'était pas d'être efficace, mais de ressentir ma propre fiabilité à mes engagements, et notamment d'arrêter d'utiliser les réseaux sociaux pour détourner mon attention des projets qui me demandent du courage. Je l'ai donc transformé en « fiable ».

Pour ce rituel, choisissez le cycle qui vous correspond le mieux dans le moment. Ce peut être celui des lunes, à chaque nouvelle lune et/ou pleine lune. Ou celui d'une semaine, tous les dimanches par exemple. Ou n'importe quel rythme qui fonctionne pour vous.

Commencez par créer un espace sacré.

Faites une méditation, une marche dans la campagne, écrivez en écriture intuitive, piochez des cartes ou faites les mouvements proposés précédemment pour faire émerger les sensations que vous voulez nourrir consciemment durant ce cycle.

Quand elles sont claires, notez-les sur des morceaux de papier ou post-it et choisissez de les mettre à un endroit où vous les verrez régulièrement, comme sur le miroir de la salle de bains ou sur votre bureau.

Une fois que vous avez ce ou ces mots, une autre option plus longue consiste à chercher une chanson pour chacun des mots, qui vous donne la sensation de ce que vous appelez, et de créer une playlist avec ces chansons que vous danserez, par exemple une fois par semaine si vous choisissez un cycle d'un mois. Cela permet de revenir à la guidance et la sagesse de votre corps et recevoir éventuellement des informations et guidances sur les choix à faire pour vous.

À la fin de votre rituel et de votre cycle, remerciez et refermez l'espace sacré.

Puis au début du mois suivant, prenez un moment, avant de démarrer, pour revenir sur le cycle passé et observer ce qu'il s'est passé pour vous.

Et quoi qu'il en soit, amusez-vous !

PILIER 4 : LE FÉMININ CYCLIQUE

La partie suivante en Qoya consiste à bouger son corps de manière circulaire. Le cercle est l'invitation à la rondeur, au flot, au laisser-aller, aux cycles. Il s'agit d'explorer comment relâcher la linéarité dans ses mouvements et de s'autoriser à explorer le lâcher-prise du mental pour revenir dans le rythme naturel du ressenti, un rythme plus circulaire et cyclique.

Nos sociétés occidentales sont aujourd'hui organisées autour de dynamiques linéaires : aller d'un point à un autre, construire, produire, avoir une humeur et une énergie égales du matin au soir, de l'été à l'hiver. Un excès de cette énergie peut conduire à nier la part de notre être qui fonctionne de manière cyclique, qui n'a pas pour but de produire ou d'aller à un endroit déterminé, mais qui se laisse porter, telle une vague.

Ce mouvement, en l'amenant dans nos corps, va s'inviter dans nos vies : que se passe-t-il quand je suis le mouvement au lieu de le diriger ? Que se passe-t-il quand je relâche la pression de devoir aller dans une direction pour me laisser porter par le flot de la vie et des événements ?

Avez-vous déjà connu l'expérience, en voyage ou lors de vacances, de ne pas avoir planifié ce que vous ferez, mais de suivre votre ressenti et les opportunités au fur et à mesure qu'elles arrivent, et de vivre des aventures et des rencontres que vous n'auriez jamais pu prévoir par vous-même ? La vie a beaucoup de magie à nous apporter si nous acceptons de lâcher les rênes du contrôle et de lui laisser de la place pour nous offrir d'autres possibles. Quand on revient dans son rythme, c'est souvent l'occasion de faire l'expérience de la magie de l'existence, des synchronicités, des rencontres heureuses.

Le cercle est aussi la spirale qui va de l'extérieur à l'intérieur pour retrouver notre sagesse, puis retourne l'offrir vers l'extérieur, et ce, à l'infini. Le cercle n'a pas de début ni de fin, il évoque en lui le mouvement constant. L'une des métaphores que l'on explore est de commencer à spiraler vers l'intérieur de soi, comme si l'on utilisait son corps pour entrer dans le chemin d'un labyrinthe jusqu'à soi. Il s'agit de sortir d'une perspective d'un mouvement qui irait constamment de soi vers l'extérieur, mais d'un aller-retour sans fin entre l'interne et l'externe.

Les cercles nous invitent à nous réconcilier avec l'aspect cyclique de la vie humaine.

Avez-vous déjà expérimenté dans votre vie de revisiter une leçon que vous pensiez avoir apprise (poser des limites, lâcher prise, etc.), de réexplorer une blessure que vous pensiez avoir soignée ?

Si cela peut amener une forme de découragement, elle vient en fait de l'illusion que l'expérience de la vie serait statique, et qu'une fois que l'on a fait face à quelque chose, on serait tranquille pour le restant de nos jours. Notre âme n'aspire pas au bonheur, elle aspire à l'évolution. Elle nous emmènera donc toujours dans des expériences qui feront grandir notre être.

Je donne souvent cette métaphore aux personnes que j'accompagne : la vie est un peu comme un jeu vidéo. Si la leçon que l'on doit apprendre est le lâcher-prise, ou toute autre chose, on va commencer au niveau I, avec à la fin, le monstre à combattre, qui serait comme l'épreuve ultime... du niveau I. Si la leçon que vous devez apprendre est de vous détacher du regard des gens, votre monstre du niveau I pourrait être finalement de trouver le courage de vous habiller comme vous l'entendez quand vous sortez. Mais une fois la célébration du niveau I passée, vous arrivez au niveau II, qui comporte son propre monstre, plus gros que le niveau I. C'est donc un monstre niveau II. Dans notre exemple, il pourrait s'agir de prendre une décision dont vous savez qu'elle va heurter vos parents.

Il y a une métaphore dans la façon dont notre vie s'organise autour de cercles, de spirales. Il nous est donné la possibilité de revisiter des expériences après avoir eu un cercle complet d'autres intégrations qui nous permettent d'y entrer avec une perspective inédite, de reconnaître et célébrer le chemin parcouru.

Le cercle est aussi le mouvement décrit par les astres autour de la Terre, et la Terre autour des astres. C'est une référence au cycle féminin et au mouvement cyclique de la vie, des saisons.

Enfin, si le mouvement de respiration invitait à se connecter à l'énergie et l'ancrage de la terre, et à la puissance de l'air par le souffle, le mouvement des cercles en Qoya invite l'énergie de l'eau dans nos mouvements et dans nos vies. Nos corps sont faits d'eau à plus de 70 %, tout comme la Terre. C'est une invitation à honorer et activer l'eau de notre corps et le flot de nos vies.

Le mouvement des cercles

En position debout, commencez très simplement par amener votre oreille droite vers l'épaule droite, le menton vers la poitrine, l'oreille gauche vers l'épaule gauche et revenez de l'autre côté comme si vous traciez un arc-en-ciel avec le sommet de votre crâne. Continuez le mouvement de cercle avec votre tête en restant connecté à votre respiration et en amenant votre attention sur la sensation dans votre corps. Changez de direction quand vous en avez envie. Autorisez-vous à suivre votre propre rythme.

Amenez les cercles dans les épaules qui vont vers le haut, en arrière et en bas, comme pour ouvrir et délier les tensions dans tout le haut du buste. Après quelques cercles des épaules, ajoutez les coudes, puis étendez vos bras jusqu'au bout de vos doigts pour faire des cercles complets des bras. Imaginez que vous touchiez les étoiles à chaque cercle et autorisez-vous à prendre de la place. Ressentez tout ce qui est présent.

Puis dessinez des cercles avec votre cœur, comme si vous vouliez dessiner l'Équateur autour de la Terre. Souvenez-vous : peu importe ce dont vous avez l'air, gardez votre attention sur ce que vous ressentez. Imaginez que vous laissiez votre cœur voyager tout autour du globe et changer de direction quand vous le souhaitez.

Faites descendre les cercles jusque dans vos hanches dans un sens, et puis dans l'autre. Respirez et suivez vos sensations. Et ressentez.

Vous pouvez également ajouter des cercles des poignets et des chevilles, puis prenez un moment pour faire tous les cercles dont votre corps a envie en gardant votre attention uniquement sur le ressenti.

Une fois terminé, prenez un moment pour noter vos sensations quand vous suivez votre flot unique et bougez de manière circulaire.

J'utilise beaucoup ce mouvement quand je reste longtemps derrière un écran ou à chaque fois que je m'aperçois que je me sens hors de mon propre rythme. Je me lève, je mets une musique et je fais juste des cercles en suivant mon souffle, jusqu'à ce que je revienne au rythme qui est le mien.

EN MUSIQUE :

- *Le vent nous portera*, Sophie Hunger
- *Legacy of Light*, Fia
- *Cuatro Vientos*, Rey et Kjavik Remix
- *Going Home*, Asgeir
- *Une âme*, M

Prenez un instant pour noter
comment vous vous sentez après avoir bougé
votre corps de manière circulaire
pendant toute une chanson :

Le rituel du labyrinthe

Pour beaucoup d'entre nous, les seules références aux labyrinthes sont les jeux que l'on faisait dans *Picsou Magazine*. Bien que très présent dans nos cultures et honoré par de nombreuses spiritualités à travers le monde, le labyrinthe est peu connu du grand public. Le labyrinthe de Chartres est perçu comme l'un des plus – si ce n'est le plus – énigmatique et puissant labyrinthe du monde ; des dizaines de livres lui sont dédiées, étudiant sa géométrie sacrée et tout un tas d'autres aspects mystiques.

Depuis plusieurs dizaines d'années, une Américaine, Lauren Artress, a développé un travail et créé une communauté massive autour de l'utilisation de labyrinthes. Elle est la fondatrice de la seule école qui forme à ce jour des facilitateurs de labyrinthes et est l'auteure de nombreux livres sur le sujet. Tout son travail réside dans l'utilisation du labyrinthe comme outil pour soutenir la transformation et l'évolution individuelle et planétaire.

Deux mots existent en anglais pour décrire les labyrinthes : *labyrinth* pour ceux qui n'ont qu'un seul chemin par lequel on rentre et on sort, et *maze* pour ceux où l'on peut se perdre et qui sont composés de plusieurs voies (comme ceux de *Picsou Magazine*). Pour les marches méditatives, rituels et cérémonies, ce sont les premiers types qui sont utilisés. Un seul chemin où aller, un seul chemin retour, on ne peut pas se perdre.

« Le labyrinthe réintroduit littéralement l'expérience de la marche sur un chemin clairement défini. Cela nous rappelle qu'il existe un chemin, un processus qui nous amène à l'unité, au centre de notre être. Dans le simple fait de marcher, l'âme trouve le réconfort et la paix », décrit Lauren Artress[19].

---

19. Lauren Artress : *Walking a Sacred Path: Rediscovering the Labyrinth as a Spiritual Practice*, Riverhead Books, 2006 (traduction réalisée par l'auteure).

On peut regarder le labyrinthe sous plusieurs angles. L'un des angles peut être juste sur un plan purement physique. Vous marchez, bougez, évoluez dans le labyrinthe à un rythme en général plus lent. Les tours, boucles et virages vous obligent à plus de présence dans chacun de vos pas. Le fait d'être physiquement en mouvement et dans votre propre rythme vous reconnecte quasi instantanément à votre vérité, à ce qui est bon et juste pour vous. Le fait de ralentir vous permet de ressentir pour avoir accès à ce qui est bon pour vous.

En entrant dans un labyrinthe, on sort du temps *Chronos*, le temps linéaire pour entrer dans le temps *Kairos*, le temps de l'hyperprésent, du moment qualitatif où l'on perd le sens de l'avant et de l'après. Ce temps nous relie au royaume du symbolique, ces moments où le mouvement du vent dans un arbre devient une réponse à l'une de nos pensées, où l'on autorise les symboles autour de nous à entrer en conversation pour nous guider.

L'angle le plus spirituel est de considérer que le labyrinthe est un archétype qui nous guide métaphoriquement vers le centre de nous-même, et en cela nous permet d'accéder à la sagesse qui est parfois plus difficile à retrouver. Chaque archétype a sa propre énergie, et celui du labyrinthe est de cheminer vers l'intérieur de soi pour se remémorer sa vérité et retourner vers l'extérieur avec ce savoir ancré dans le corps, le mental et l'âme.

Il y a également une métaphore du pèlerinage, comme un voyage que l'on fait physiquement pour accéder à un peu plus à son essence.

Marcher dans un labyrinthe ne requiert pas de compétence spécifique ni de connaissance mystique sur ledit labyrinthe.

Vous pouvez vous rendre dans un lieu où se trouve un labyrinthe[20] ou bien en créer un vous-même, comme une simple spirale avec des pierres ou des galets, une guirlande lumineuse ou même de la ficelle en la faisant tenir au sol. Le labyrinthe accueille chacun tel qu'il est, et tout comme le Qoya, il est impossible de se tromper. **Le seul moyen de savoir que l'on fait bien… est que cela nous fait du bien.**

Il se peut que vous marchiez avec un grand sens du sacré et beaucoup de révérence ou que vous marchiez juste entre deux courses. Il se peut que vous ayez une révélation qui vous transcende, ou que vous vous sentiez juste plus calme à la fin.

Vous pouvez le faire seul, en groupe, en silence, en musique.

Prenez un temps de méditation avant la marche pour clarifier ce à quoi vous dédiez vos mouvements, ou s'il y a une question que vous souhaitez poser. À l'entrée du labyrinthe, présentez-vous et présentez votre intention, votre question.

Puis, entrez dans le labyrinthe où vous pouvez marcher, danser, ramper vers le centre. Le chemin aller est celui que l'on décrit comme nous aidant à relâcher ce qui nous empêche d'accéder à notre intention.

Au centre du labyrinthe, prenez un moment pour méditer, danser et recevoir éventuellement la réponse à votre question. Elle peut se présenter très clairement à ce moment-là, à tout moment du labyrinthe… ou même plus tard dans votre journée ou dans vos rêves. Le labyrinthe a sa temporalité et son humour !

---

20. Vous pouvez également utiliser https://labyrinthlocator.com pour trouver des labyrinthes proches de chez vous ou faire recenser le vôtre, si vous en avez un.

Sur le chemin retour, c'est l'endroit où l'on se réapproprie, au sens d'intégrer ce qui est nôtre et retourner dans la vie avec les morceaux de sagesse en plus, que nous nous sommes remémorés et que nous pouvons réintégrer.

À la sortie du labyrinthe, prenez un moment pour remercier de l'expérience vécue.

Le labyrinthe, comme beaucoup d'archétypes qui nous ramènent à notre essence, est simple à utiliser... et donne des réponses qui sont parfois également d'une accablante simplicité.

Un exemple serait d'interroger le labyrinthe sur la mission de sa vie incarnée, question à laquelle on s'acharne à répondre depuis des années avec force et complexité, et pour laquelle le labyrinthe peut nous amener à une de ces bonnes vieilles vérités telle que « aimer », « être présent », « ressentir ». Soyez ouvert à recevoir tout type de réponse et sous toute forme !

J'aime parcourir un labyrinthe en utilisant l'Oracle de la Lecture Aléatoire (voir page 231), en dansant une chanson pour le chemin aller, une chanson au centre et une chanson pour revenir. Voyez si cela vous inspire ! Si j'ai souvent une foule de questions à poser, j'essaye aussi de rester en relation juste avec le labyrinthe et de lui demander régulièrement ce qu'il veut que je reçoive ou comprenne de lui. Et cela, dans la perspective d'être en cocréation constante avec l'Univers et tous les éléments qui le composent, et de rester vigilante à être dans une relation de réciprocité avec les éléments avec lesquels je travaille.

Le labyrinthe, comme tous les rituels proposés dans ce livre, ne fonctionnent... que si on les fait réellement. J'en faisais régulièrement dans mon appartement parisien en dessinant juste une spirale et en poussant les meubles. Mon amie Jillian fabrique des tapis labyrinthes qui ne mesurent pas plus d'un mètre de diamètre à l'intérieur desquels on peut danser. En Qoya, on utilise souvent une pelote de laine pour créer des cercles en posant des objets à chaque mètre ou tous les deux mètres pour la faire tenir.

Organisez le vôtre et explorez votre propre relation au labyrinthe !

Pour en savoir plus :

- Lauren Artress, *Walking a Sacred Path: Rediscovering the Labyrinth as a Spiritual Practice*, Riverhead Books, 2006.
- Kathleen Mc Gowan, *The Source of Miracles: 7 Steps to Transforming Your Life through the Lord's Prayer*, Atria Books, 2010.

Quelle est votre intention ou question au labyrinthe ?

Quels ont été vos ressentis durant l'aller ?

Au centre du labyrinthe ?

Au retour ?

Quelle est la réponse
ou le message du labyrinthe pour vous ?

PILIER 5 :
SUIVRE SON CŒUR

Quoi qu'il se passe dans votre vie, est-ce que vous êtes prêt à ouvrir votre cœur ?

Une chamane[21] m'a dit un jour : « Notre corps n'a pas forcément la vision d'ensemble, mais c'est lui qui guide le pas suivant. » Le cœur, spécifiquement, n'a que faire des contraintes du mental, de temps, d'argent, de peurs ou de difficultés qui ne lui créent pas de contractions. Le cœur est l'endroit spécifique où se marient les énergies célestes et les énergies terrestres qui font de nous un être incarné. Il est l'endroit d'où l'on ressent les désirs profonds de l'âme et possède donc la clé et les réponses d'un plan plus grand, nous faisant ressentir la direction de notre part individuelle dans la vision collective et universelle. Le cœur est aussi l'un des endroits majeurs où l'on va ressentir. Beaucoup de nos émotions sont ressenties spécifiquement dans le cœur, ce qui nous donne des indications primordiales sur ce qui est bon pour nous. Ce serait un peu comme si le cœur jouait en permanence à : « Tu chauffes, tu brûles, tu refroidis. »

---

21. Caroline Padgett, www.carolinepadgett.com

Le cœur est un temple mystérieux qui, non seulement anime notre vie physique, mais est le centre énergétique de la pulsion de vie. Ouvrir notre cœur, c'est dire « OUI ». La bonne nouvelle est que le cœur est un muscle, on peut donc continuer à s'entraîner à dire « OUI » pour devenir de plus en plus à l'aise dans cette expérience.

Suivre votre cœur vous emmènera souvent à étirer les pensées de vos possibles, relâcher le contrôle et la volonté de certitude du mental et réinventer les contours que vous aviez prévus pour votre vie.

Au printemps 2020, à l'annonce de la fermeture des frontières et du confinement, alors que mes plans de deux mois de voyage aux États-Unis et au Costa Rica tombaient soudainement à l'eau et qu'il me fallait choisir où aller en seulement quelques jours, quelle ne fut pas ma surprise en sondant mon cœur, qu'il veuille aller... à Paris. Après en avoir déménagé pour avoir plus de temps dans la nature et moins de vie citadine, mon mental n'aurait jamais pensé à Paris comme une option. Mais mon cœur, si.

Il ne s'agit pas de dire qu'il ne faut pas écouter les autres parts de soi, notamment votre ego. L'idée est plutôt de recueillir tous les avis avant de prendre une décision, et de choisir en conscience à quelle part de vous, vous confiez les rênes du voyage qu'est votre vie. Il est parfois important de suivre nos pensées et respecter nos peurs, et il est parfois important de suivre notre cœur.

C'est d'ailleurs l'une des portes d'entrées majeures du féminin et de son exploration : laisser de la place au cœur ressentant, en dépit de toute logique. Dans une quête – consciente ou non – de notre féminin, le cœur est le centre de l'exploration. L'ouvrir, le soigner, l'écouter et ressentir depuis notre cœur. Vivre depuis notre cœur. Et pour cela, il ne suffit pas de penser à ce que l'on imagine que notre cœur veut. La voie du cœur est le ressenti et il n'est pas rare qu'il contienne son lot de surprises. Notre cœur aime aimer et il aime jouer.

Dans une vie où l'on a créé une idée spécifique de ce à quoi aimer doit ressembler, et où il y a peu de place pour jouer à l'âge adulte, notre cœur peut ressembler, à certains moments, à un chiot lancé dans un magasin de porcelaine. Mais il en ressort des pépites qui ne pourront jamais être vécues autrement que par l'expérience. Tout l'être se trouve grandi quand le cœur guide le mouvement.

L’ouverture du cœur

Bien que l’utilisation des expressions « suivre son cœur » ou « ouvrir son cœur » soient très utilisées par les médias, il est plutôt rare que l’on nous ait appris concrètement à écouter notre cœur et à rendre ses battements plus forts pour en entendre plus clairement les messages. Cela reste souvent à l’état de métaphore pour beaucoup d’entre nous parce que suivre son cœur n’est pas toujours aisé et contrecarre quelque peu les plans de notre mental… ou les plans des autres.

En Qoya, on danse physiquement notre cœur pour le réveiller, et pour commencer à infuser dans notre mouvement la métaphore de ce que l’on veut dans notre vie. On fait alors l’expérience relativement inoffensive de suivre son cœur pendant quatre minutes. Votre cœur guide les prochains mouvements, et le reste du corps suit. Cela commence aussi simplement que par une danse en amenant son attention sur son cœur.

Les pieds ancrés dans le sol, prenez un moment pour inspirer et ouvrir l’avant de votre cœur en étirant votre cage thoracique et ouvrez vos bras sur les côtés, voire vers l’arrière. Puis, expirez et ouvrez l’arrière de votre cœur comme si vous faisiez un câlin à quelqu'un de plus petit que vous. Répétez ce mouvement en conscience, en suivant vos inspirations et expirations, et imaginez ouvrir votre cœur à l’énergie du Soleil à l’avant, et aux mystères de la Lune à l’arrière ; ou quelle que soit la métaphore qui soit juste pour vous à ce moment-là. Faites ce mouvement encore quelques fois et ressentez votre cœur s’étirer.

Quand le *beat*[22] de la musique se fait sentir, imaginez brancher votre cœur sur votre enceinte et laissez-le s’accorder

22. Le temps le plus fort, généralement un son plus grave joué à la batterie.

à la musique. Dansez les battements de votre cœur ! **Laissez la musique s'infuser à l'intérieur de vous et comme si ce n'était plus vous qui dansiez, laissez la musique danser depuis votre cœur.** La musique est l'énergie qui vous fait pulser.

Souvent les musiques pop fonctionnent sur des comptes de huit temps assez faciles à entendre. C'est amusant de laisser votre cœur vous amener dans les quatre directions en commençant vers l'avant, le côté, l'arrière et l'autre côté. Laissez votre cœur guider le mouvement et le reste de votre corps le suivre. Durant toute cette partie, l'idée est de garder votre attention sur votre cœur et de le laisser prendre les rênes du mouvement.

Quoi qu'il se passe dans votre vie actuellement, êtes-vous prêt à ouvrir votre cœur ? Imaginez répondre à cette question avec vos mouvements.

Souvent, notre cœur aime jouer, laissez-le aller où il veut comme il veut, sans vous préoccuper de quoi vous avez l'air. Autorisez-le à voyager dans la pièce et continuez à ressentir les sensations dans votre corps quand vous suivez votre cœur. **Souvenez-vous, vous ne pouvez pas vous tromper : le seul moyen de savoir que vous le faites bien est que cela vous fait du bien !**

EN MUSIQUE :

- *Baby I'm Yours*, Breakbot & Irfane
- *Seve*, Tez Cadey
- *I feel it All*, Feist
- *Get Lucky*, Daft Punk
- *Sunset Lover*, Petit Biscuit

À la fin de la chanson, prenez un instant pour noter comment vous vous sentez, comment votre cœur se sent, le reste de votre corps, toutes les parties qui font votre être et que vous pouvez ressentir.

Retourner à son cœur : le pèlerinage

L'un des rituels intimement liés au Qoya, à l'histoire de Rochelle et à la mienne sans que je n'y aie mis ce mot pendant longtemps, est de partir en pèlerinage. Le pèlerinage est un rituel ancestral, notamment quand il se fait vers des lieux sacrés. Seul ou en groupe, c'est une manière de mettre son corps et son esprit dans un mouvement commun vers une quête profonde. Cette quête, si elle prend des formes différentes, revient toujours à se retrouver soi-même. À se sortir de son contexte habituel pour avancer vers de nouveaux horizons. Le mouvement du corps physique, la prise de distance par rapport à notre quotidien, l'intentionnalité et éventuellement l'énergétique spécifique d'un site sacré vont favoriser des clarifications, prises de conscience et visions plus claires pour l'avenir. Elles vont également permettre d'accéder à plus de relation en soi ou autour de soi. Ces moments sont de ceux qui restent sacrés et peuvent nous permettre de trouver le courage pour les transformations nécessaires dans nos vies.

Une manière de faire un pèlerinage est de... suivre son cœur.

Vous pouvez choisir de faire un pèlerinage à cet endroit où vous avez toujours rêvé d'aller, un autre pays, la région où vivaient vos ancêtres, un site qui a toujours intrigué votre cœur. Cela peut même être un restaurant où vous avez toujours rêvé d'aller. Ou vous rendre sur la tombe ou le lieu de vie de quelqu'un qui vous inspire. Ou vous pouvez juste réserver une journée et partir où votre cœur vous emmène au fur et à mesure.

Commencez par créer un espace sacré pour votre aventure. Bougies, cartes, méditation, prière, danse, vous connaissez !

Posez une intention pour votre voyage. C'est le moment de dire à l'Univers ce que vous souhaitez recevoir pour qu'il puisse conspirer à vous le donner.

Puis, démarrez votre pèlerinage. Si vous avez choisi de prendre juste une journée pour suivre ce que veut votre cœur, commencez par ressentir et faites un pas après l'autre. La première chose que vous ressentirez sera peut-être d'aller voir votre grand-mère. Et peut-être qu'en chemin vous serez inspiré à aller dans la forêt proche de chez elle. Et puis à manger une glace en ville. Il ne s'agit pas tant de ce que vous faites, mais de réellement s'entraîner à suivre la spontanéité du cœur.

Offrez-vous ce moment comme un espace-temps qui n'est pas déterminé à l'avance. Dans nos vies souvent planifiées et pleines de rendez-vous, c'est un cadeau de ne pas savoir pour une journée ! Laissez votre téléphone de côté autant que possible.

Entraînez-vous à suivre votre cœur, pas après pas, en vous fiant à vos ressentis.

Il est possible que vous ayez des réalisations importantes, que votre cœur vous guide à comprendre et intégrer des choses. Il est aussi possible qu'il y ait des synchronicités sur votre chemin, que vous commenciez à ressentir la magie de se laisser guider par son cœur. Pendant votre pèlerinage, il se peut qu'un objet vous appelle, comme une pierre. Ramenez-la pour ancrer l'énergie de ce moment et soufflez dans la pierre ce que vous avez reçu de cette journée. Les pierres gardent l'énergie que l'on y infuse.

En fin de journée, prenez éventuellement un moment pour écrire à propos de votre expédition, remercier pour l'expérience et la sagesse reçues et refermez l'espace sacré que vous avez ouvert.

Comment vous sentez-vous
avant de démarrer votre pèlerinage ?

Quelle est votre intention ?

Que s'est-il passé durant le pèlerinage ?

Comment vous sentez-vous
de retour de votre aventure ?

Pour en savoir plus :
Phil Cousineau, *The Art of Pilgrimage; The Seeker's guide to making Travel Sacred*, Conari Press, 2013.

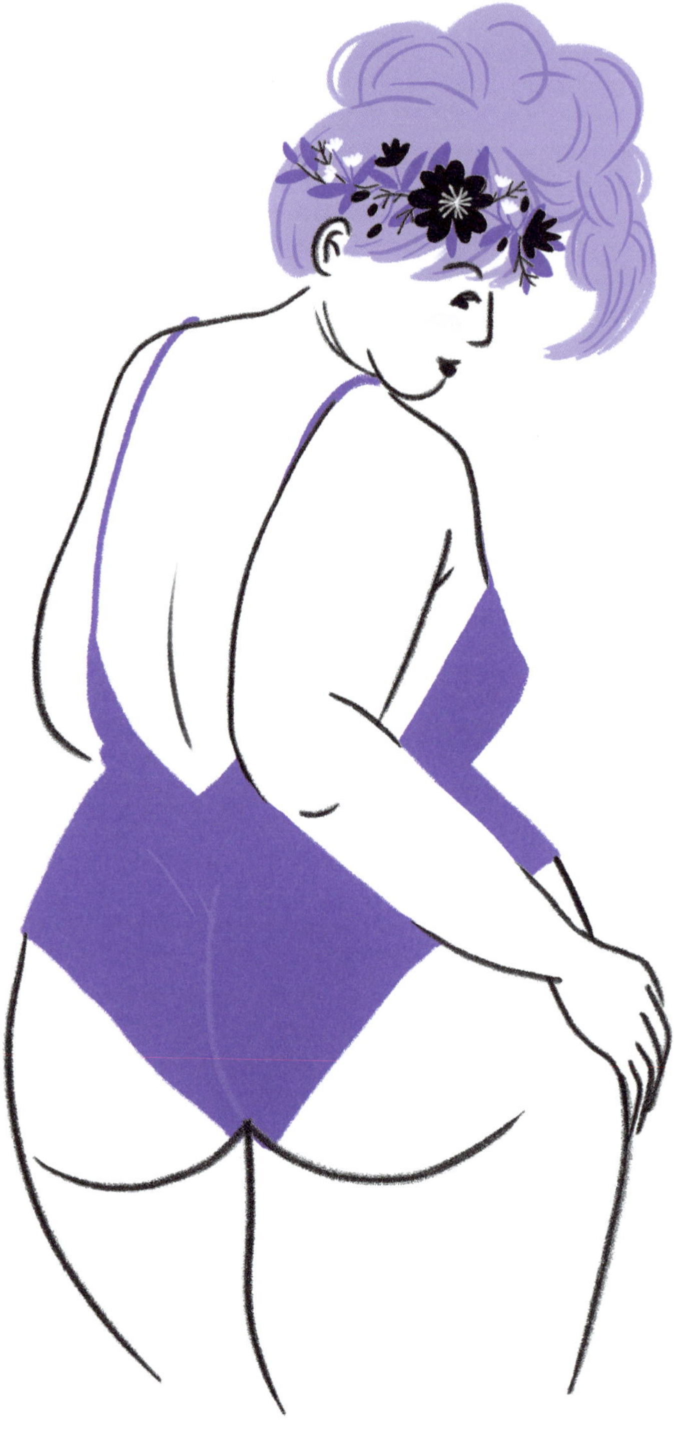

PILIER 6 :
NOS HANCHES HÉBERGENT NOTRE HISTOIRE

Le bassin est un centre énergétique majeur qui stocke l'énergie et va garder en mémoire tous les moments où cette énergie est activée, stoppée, utilisée, etc. Le bassin est le centre énergétique de la création. De nombreuses traditions explorant le corps énergétique, et notamment par la grille de lecture des chakras[23], décrivent que l'énergie qui voit naître et impulser la création dans nos vies se trouve dans la zone des hanches. Et c'est aussi l'espace d'où l'on peut augmenter notre capacité à ressentir, et notamment à ressentir du plaisir.

Nos hanches contiennent notre histoire et celle de nos lignées. Lorsqu'on les met en mouvement, elles sont une porte d'accès à des sensations et des informations précieuses. Certaines peuvent être délicates et sensibles dans le chemin pour se réapproprier la liberté de bouger notre corps comme on le souhaite. Et certaines seront l'accès le plus rapide à réclamer notre droit au plaisir.

---

23. « Chakras » est le nom sansrit qui désigne les centres énergétiques spirituels issus de la conception Kundalinî. Il existe sept chakras principaux (racine, hara, plexus solaire, cœur, gorge, troisième œil et couronne).

Une phrase courante aux États-Unis assure : « You've got to feel it to heal it[24]. » L'idée est que l'on ne peut pas uniquement parler, chercher à comprendre et disséquer une situation par notre mental pour vraiment en guérir. Il faut revenir dans nos sensations à un moment donné pour que la tête et le corps vivent la même expérience et pour qu'une intégration se fasse à un niveau plus profond. Il ne s'agit pas de revivre un traumatisme initial, mais d'accepter de ressentir les sensations d'inconfort qui y sont liées, comme la peine, la honte, etc.

En prenant conscience des statistiques et des innombrables histoires de violences faites aux femmes, notamment les violences sexuelles, il est logique que le bassin soit un endroit qui ravive des mémoires, souvent très douloureuses. Par extension, c'est aussi l'une des parties du corps que l'on doit pleinement reconquérir, avec beaucoup de douceur, de compassion et au rythme qui est le sien. Les traumatismes sont inscrits dans le corps et se manifestent dans les sensations physiques, dans la façon dont une personne se sentira autorisée ou non à réclamer les sensations de plaisir et à les suivre.

Chaque histoire et chaque façon de se soigner sont différentes. Mais pour chaque femme qui bougera son bassin en cherchant à suivre les sensations de plaisir, ou les sensations justes, de nombreuses informations peuvent resurgir de sa propre histoire, voire de celle des générations précédentes ou du collectif en général.

Ouvrir ses hanches en Qoya est l'opportunité de leur donner une voix sans ressentir de pression de la manière dont on devrait bouger. Pour certaines femmes, certains jours, ce sera une exploration très sensuelle emmenant dans des

---

24. « Il faut que vous le ressentiez pour pouvoir le soigner. »

mouvements lents et voluptueux. À d'autres moments, il s'agira d'une exploration subtile, laissant les hanches naviguer de quelques centimètres et en s'autorisant à ressentir plus en bougeant moins. Il n'y a pas de règle, pas de protocole, juste l'idée de donner une voix à notre bassin pour quelques minutes.

Cela augmente notre capacité à ressentir, et à chercher la sensation de plaisir pour commencer à la suivre dans nos hanches, avec l'espoir que cela continue dans nos vies.

Il y a une innocence érotique à explorer la façon dont nos hanches veulent bouger, indépendamment de toutes les idées qui y sont véhiculées et associées. Évidemment, il peut ne pas être simple de se délester de ces associations qui ont une ancienneté. Mais il y a certainement une force à réclamer notre liberté de bouger dans notre corps, de la façon qui nous fait du bien.

Il va de soi que bouger son bassin avec autant de liberté que n'importe quelle partie du corps n'est pas toujours la réalité que la plupart d'entre nous avons expérimentée. Il y a plus de charge émotionnelle et sociale dans le bassin que dans l'avant-bras, et plus de projections individuelles et collectives.

La réclamation du fait de se sentir bien – peu importe de quoi ça a l'air – commence ici au niveau du bassin, zone entre autres liée au plaisir érotique, mais vise à s'appliquer finalement à tous les endroits dans notre vie. Comment peut-on s'autoriser à bouger comme on en a envie, mais qui plus est, comme notre bassin en a envie ? Peut-on s'autoriser juste un peu plus à explorer la sensation de plaisir dans notre corps et à la suivre comme fil conducteur pour bouger en faisant du Qoya et puis pour bouger dans la vie ?

Notre collectif avance avec une croyance forte selon laquelle on aurait le droit uniquement à une quantité limitée de plaisir. Les phrases communément prononcées et entendues ressemblent à : « On ne peut pas tout avoir », « Faut pas trop en demander non plus » ou la simple idée que le plaisir est la cerise sur le gâteau, que la vie est dure et que l'on est chanceux si l'on ressent vaguement du plaisir dans sa vie le week-end une fois que l'on a effectué toutes les corvées qu'une force invisible collective nous a imposées.

Évidemment, ce serait excessif de mettre le plaisir comme un absolu que l'on doit nécessairement atteindre. L'idée est plus de suivre l'endroit où l'on se sent libre de bouger ou de ne pas bouger, et libre de la façon dans laquelle on veut bouger.

J'ai vu de nombreuses femmes soigner des parts importantes de leur parcours grâce aux mouvements sensuels en Qoya, lors de l'ouverture de hanches. La plupart des formations actuelles autour des traumatismes s'accordent à dire qu'une partie du parcours de soins réside dans le fait de retrouver sa capacité à faire des choix. En réclamant notre choix à bouger aussi peu ou autant que l'on en a envie, sans aucune attente extérieure d'être sexy ou pas trop sexy, ou de faire le mouvement d'une manière ou d'une autre, nous récupérons une partie du pouvoir qui a pu nous être enlevée. La notion de choix portée par le Qoya, et l'essence que l'on ne peut pas se tromper, vont nous aider à retrouver le chemin de notre liberté et de notre souveraineté.

Souvent, quand la vie nous a malmené, l'un des mécanismes de survie du corps est de cesser de ressentir. Cela limite les ressentis douloureux et pénibles, et également les ressentis liés au plaisir (au plaisir sexuel, mais aussi aux plaisirs de la vie en général). Certaines personnes vivent ainsi tout ou partie de leur vie en apnée émotionnelle afin d'éviter de ressentir. Nous ne sommes pas encouragés à ressentir, également parce que ressentir veut dire sortir de la zone qui ne fait pas de vagues. Ressentir peut nous amener à faire l'expérience des extrêmes du plaisir et de la joie, ainsi que ceux de la peine et la douleur. Il est courant d'avoir peur de ne pas réussir à contenir tous ces ressentis, d'être envahi, immobilisé par nos sensations. Il est rare que l'on ait appris dans l'enfance comment gérer les émotions fortes et l'on manque souvent d'outils pour avoir confiance dans notre capacité à vivre tout ce qui nous traverse.

Le Qoya donne une carte d'exploration et d'acceptation de ce qui est présent. En augmentant sa capacité à ressentir, sans avoir peur de ses sensations et sans s'effondrer dedans, on acquiert plus d'outils vers une maturité émotionnelle. On augmente notre capacité à être présent pour nous sans avoir à échapper à nos sensations, les projeter sur quelqu'un d'autre ou attendre d'être sauvé par une autre personne. On devient de plus en plus à l'aise avec soi-même et toutes les parts de soi.

Et après des années de Qoya, je suis toujours fascinée par ce que mes hanches ont à me dire quand je leur laisse la parole. Elles sont l'un des endroits les plus mystérieux et enferment une sagesse tout le temps inattendue, souvent réjouissante, parfois complètement bouleversante de justesse.

Faites l'expérience de donner une voix à vos hanches pour entendre ce qu'elles ont à dire.

L'ouverture des hanches

Toute l'expérience de cette partie est de se laisser guider par nos hanches. Si l'on pouvait donner une voix à notre bassin, juste pour quelques minutes, que raconterait-il ?

Assurez-vous d'être dans un espace où vous vous sentez en sécurité pour bouger exactement comme votre corps en a envie, pour lui donner une opportunité de s'exprimer pleinement, sans peur d'un regard extérieur ou d'un jugement.

En position debout, écartez les jambes d'environ un mètre, suffisamment pour vous sentir bien enraciné. En expirant, votre bassin vous guide vers le sol en pliant les jambes dans un mouvement aussi petit ou aussi grand qu'il en a envie, avant de revenir vers la position initiale. Faites ce mouvement quatre fois en prenant soin de ralentir et vous laisser guider par votre bassin. Approfondissez votre respiration, et autorisez-vous à ressentir et être présent pour tous vos ressentis.

Puis votre bassin vous guide vers le sol, et légèrement sur la droite en remontant, comme si vous vouliez dessiner la lettre J. Cherchez la sensation de plaisir dans votre mouvement et suivez-la. Plus que la sensation de plaisir, suivez la sensation du mouvement juste pour vous, ici et maintenant.

Faites ce mouvement quelques fois et puis votre bassin vous guide vers le sol, puis vers la gauche en remontant encore quelques fois. Fermez les yeux pour être plus encore dans votre mouvement.

Votre bassin va vers le sol puis vers l'avant. Relâchez pour un instant. Explorez la sensation de lâcher-prise quand votre bassin remonte vers l'avant. Faites le mouvement quelques fois en gardant votre attention sur votre ressenti.

Puis, le bassin se dirige vers le sol et vers l'arrière, comme un paon qui déploie ses plumes. Faites le mouvement encore quelques fois en laissant vos hanches prendre de la place et explorer l'espace.

Répétez cette séquence (hanches vers le sol puis à droite, hanches vers le sol puis à gauche, hanches vers le sol puis en avant, hanches vers le sol, puis en arrière) deux fois de chaque côté, en ralentissant. Quand vous ralentissez, vous ressentez plus encore. Explorez chaque mouvement avec une curiosité neutre à ressentir ce qui est présent dans votre corps.

Faites cette séquence une fois de chaque côté, puis laissez vos hanches bouger librement comme elles en ont envie. Imaginez que vous puissiez bouger comme si personne ne vous avait jamais dit comment bouger.

Remerciez vos hanches de vous avoir guidé pour quelques minutes et notez vos sensations.

EN MUSIQUE :

- *Apparently*, Random Rab
- *Embrassez-vous*, Brigitte
- *Squares*, The Beta Band
- *River*, Ibeyi
- *Pendant que les champs brûlent*, Niagara

Notez comment vous vous sentez
après avoir dansé vos hanches
pendant le temps d'une chanson :

Quand vous laissez une voix à vos hanches,
que veulent-elles raconter ?

Le rituel de la sensualité créatrice

La sensualité est l'activation de nos sens. En éveillant et nourrissant notre sensualité, on se connecte à l'énergie de vie, l'énergie de création. À ce titre, il est possible et précieux de l'utiliser consciemment pour créer... quoi que l'on souhaite créer dans sa vie : un nouveau projet, un dîner pour des amis, un projet d'écriture, un lieu de vie. Si vous n'avez rien de spécifique en ce moment, c'est l'occasion d'explorer de nouvelles façons de créer par le dessin, la peinture, les collages, la couture. Il peut s'agir d'amener de l'énergie à un projet que vous voulez voir grandir ou juste de créer pour le plaisir de créer, sans regarder au résultat, de réactiver votre puissance créatrice.

Pour ce rituel, vous voulez activer tous vos sens. Pour cela, diffusez des huiles essentielles, utilisez un spray à la rose ou brûlez une bougie parfumée. Tamisez la lumière, allumez vos guirlandes préférées et des bougies à différents endroits de la pièce. Déposez des pétales de fleurs autour de votre bureau, votre lit ou l'endroit où vous êtes. Mettez des fleurs dans la pièce. Mettez une musique qui vous invite à entrer dans vos sens, comme certains albums des Brigitte, de Keziah Jones, Agnès Obel ou Ayla Nereo.

Préparez-vous une boisson qui vous semble délicieuse à cet instant présent : une tisane à la rose, un verre de votre vin préféré, un jus de fruit sensuel comme la mangue. Éventuellement, préparez-vous également votre mets favori, sous forme de petites bouchées.

Vous pouvez commencer par prendre un bain ou une douche. Ressentez l'eau chaude sur votre peau. Ressentez votre corps se réchauffer au fur et à mesure. Quelle serait la douche la plus sensuelle que vous puissiez avoir ? En sortant de vos automatismes quotidiens, comment pouvez-vous toucher et caresser votre corps en le lavant ? Vous pouvez peut-être masser un peu plus longuement les épaules, la poitrine, le ventre, le bas du dos. Ressentez.

De la même manière, plutôt que de vous essuyer après votre douche ou bain comme vous le faites dans votre quotidien, prenez le temps. Explorez avec plus de lenteur.

Explorez ensuite de vous offrir un automassage des mains, des pieds, de tout le corps. Massez vos hanches, le bas du ventre, les fessiers. Ressentez ce qu'il se passe pour vous quand vous donnez, mais aussi quand vous recevez. Prenez un moment pour recevoir de vos propres mains. Respirez longuement et faites tous les ajustements dont vous avez besoin.

Puis préparez-vous et habillez-vous de la façon la plus séduisante. Pour vous, il s'agira peut-être d'une robe ou d'une chemise que vous avez peu l'occasion de porter. Ou peut-être de vêtements extrêmement soyeux et délicats sur votre peau. Peut-être que vous aurez envie de vous parfumer, maquiller, de vous faire une coiffure spéciale ou de porter vos bijoux préférés.

Si certaines sections du rituel ne vous parlent pas, comme toujours, autorisez-vous à les modifier pour créer le rituel parfait pour vous.

Depuis cet endroit, ressentez l'énergie créée par l'activation de vos sens. Et mettez-vous sur votre projet. Utilisez la sensation dans votre corps pour créer. Il peut s'agir de vous mettre devant votre ordinateur pour écrire, de commencer à peindre, de dessiner les plans de votre future maison. Ne vous censurez pas, ne vous jugez pas, autorisez-vous l'expérience de canaliser votre énergie sensuelle vers un projet, en relâchant toute attente d'un résultat spécifique. Et surtout, prenez le temps. L'exploration de ses sens ne peut se faire qu'en prenant le temps et en savourant.

Comment vous sentez-vous
avant de démarrer ce rituel ?

Qu'avez-vous noté dans votre relation au plaisir
et à la sensualité durant ce rituel ?

Quel effet ce rituel a-t-il eu
sur vos créations ?

Comment vous sentez-vous
à la fin de ce rituel ?

PILIER 7 :
LE QOYA COMME PRIÈRE

Aujourd'hui en France, le mot *prière* n'est pas neutre. Il est chargé de plusieurs siècles et millénaires d'histoire et de relation à la religion telle qu'elle a été pratiquée.

Je suis née en France, dans une famille à tendance non croyante et non pratiquante. Je n'ai pas communié ni participé à des messes dans mon enfance. On parlait peu de religion ou de spiritualité à la maison – ce n'était pas tabou, juste un sujet qui ne venait pas souvent sur le tapis.

En 2008, en découvrant le reiki, j'ai commencé à développer mes propres intérêts pour le domaine spirituel et continue aujourd'hui encore mes explorations. Alors que l'exploration de ma spiritualité devient, au fil des années, un pan majeur de mon existence, je vis toujours en France, un pays où l'on tient une fierté importante autour du fait de ne pas croire. Dans un contexte de sur-représentation de l'athéisme et de l'agnosticisme, cela demande beaucoup de courage d'honorer sa foi naissante et de renoncer à faire partie d'une élite qui valorise le mépris de la foi. Cela est d'autant plus difficile que c'est une navigation qui contient en son cœur l'idée de ne pas savoir. Quand le pouvoir est tenu par le fait de savoir ou de croire que l'on sait, et que seule la science est l'instance qui valide la vérité, cela crée une grande vulnérabilité de choisir l'inconnu, le mystère et ce qui n'est pas aujourd'hui prouvé par des méthodes dites scientifiques.

Pendant longtemps, le terme de prière n'a pas du tout fait partie de mon vocabulaire. J'ai évidemment une idée de ce que cela veut dire pour certaines religions ou cultes, mais j'ai finalement rarement tenu des conversations avec des personnes pratiquant des prières autour de ce sujet dans leur vie. Je n'avais pas de relation avec le fait de prier, j'ai juste une relation avec l'idée de prier, teintée de mon scepticisme français.

On dénombre de nombreuses façons de prier et de nombreux types de prières. Il y a des prières portées par l'ancienneté et l'énergie de milliers de fervents récitant des phrases inlassablement comme des mantras. Il y a les prières comme les souhaits que l'on porte pour nous et nos proches. Et il y a la prière de notre cœur. Notre désir le plus profond.

En Qoya, on utilise le mouvement comme manière d'honorer nos prières et par extension, de restaurer notre relation à la *prière*. Il s'agit de se les réapproprier. On peut percevoir le terme prière comme notre volonté, notre intention. Quand on souhaite quelque chose très fort, cela devient l'une de nos prières. Il n'y a pas une manière unique de la communiquer à qui est en charge de la recevoir.

Si l'on considère le monde de l'invisible comme l'endroit où nos prières sont reçues, entendues et reçoivent une réponse, qu'il s'agisse de nos ancêtres, d'énergies bienveillantes ou de la part de notre être le plus élevé, alors la manière de communiquer est plus énergétique et peut être aussi simple que de respirer et bouger en accord avec sa respiration. Le message le plus clair est la cohérence entre notre cœur et nos pensées. Et la communication peut passer par notre corps et nos mouvements.

Quand elle était professeure de Yoga, avant la naissance du Qoya, Rochelle fit un voyage en Inde. Un jour, une femme se rua vers elle au milieu d'une foule de personnes, avant de l'agripper par les épaules en lui demandant : « Vous êtes professeure de Yoga ? » Rochelle a acquiescé. La femme a continué en lui tenant toujours fermement les épaules : « Il faut que vous leur disiez. Il faut que vous leur disiez que le Yoga est une prière. Promettez-moi de leur dire ». Rochelle ne savait pas bien à quoi ou à qui la femme faisait référence, mais devant son insistance, elle a promis.

Ce n'est que plusieurs années plus tard en développant le Qoya, qu'elle a compris à quoi cette femme faisait référence. Elle l'invitait à transmettre à ses élèves que le Yoga n'était pas uniquement une manière d'aligner son corps physique, d'avoir plus de flexibilité ou d'équilibre. Le Yoga est une prière. La façon dont on bouge est une façon de s'aligner avec ce qui est plus grand que nous. Il ne s'agit pas de l'alignement précis de chacune des parties de notre corps entre elles (bien que cela puisse avoir beaucoup de valeur), il s'agit de notre alignement entre la Terre et le Ciel, entre le royaume du visible et de l'invisible, notre cœur, notre corps, notre esprit et notre âme. C'est dans ce contexte qu'elle a développé un Yoga plus féminin, davantage dansé, avec une approche orientée sur l'intention plus que sur les postures.

Danser son Yoga

Prenez le temps de lire ce paragraphe au complet, testez éventuellement les mouvements quelques fois auparavant pour ne plus avoir à y penser, et puis laissez-le de côté pour vraiment entrer dans l'expérience d'utiliser votre corps comme moyen de soutenir votre intention et danser votre Yoga.

En position debout, amenez vos mains l'une contre l'autre en prière contre la poitrine, fermez les yeux et prenez un moment pour revenir à votre intention, ce à quoi vous dédiez votre mouvement. Respirez profondément pour vous centrer, vous ancrer et laissez votre énergie passer de votre mental à votre corps. Il ne s'agit pas d'une forme de répétition mentale. Faites confiance à votre corps pour vous guider et pour savoir exactement comment prier.

Il n'y a pas de bonne ou de mauvaise façon de prier, c'est la clarté de votre cœur à demander et recevoir votre intention qui génère les mouvements qui sont votre prière.

Ouvrez vos bras vers l'extérieur en inspirant, laissez vos paumes se rejoindre au-dessus de votre tête puis redescendez-les vers votre cœur sur une expiration. Imaginez que votre main droite est votre prière, et votre main gauche est sa réalisation, et laissez-les se rencontrer dans le ciel et redescendre vers la terre *via* votre cœur. Faites ce mouvement encore deux fois.

Puis, faites un grand pas en arrière avec votre jambe droite pour vous retrouver en fente. Pliez votre genou gauche à l'avant ; la jambe droite à l'arrière reste tendue. Assurez-vous que votre genou est parallèle à votre pied, et parallèle au tapis de yoga si vous en avez un, ou à votre tapis imaginaire dans le cas contraire. Assurez-vous également que votre genou ne dépasse pas de vos orteils quand il est plié. Si c'est le cas, reculez votre jambe arrière. Amenez vos bras tendus parallèles au sol et votre regard vers l'avant, tel un guerrier.

Sur une inspiration, tendez vos deux jambes et montez vos bras en prière vers le ciel. Imaginez que ce mouvement est votre façon d'envoyer, de transmettre votre prière là où elle est entendue. Relâchez tout discours mental, votre mouvement est la prière.

Sur l'expiration, revenez dans la position genou avant plié, bras parallèles au sol. Offrez ce mouvement comme la métaphore de votre volonté à recevoir ce que vous demandez. Nous n'avons pas toujours appris à faire de la place pour recevoir. On peut parfois se trouver dans une dynamique où l'on demande constamment, où l'on souhaite recevoir plus dans sa vie, mais où l'on n'a pas fait de place pour recevoir. Un exemple quotidien est l'inconfort de certaines personnes à recevoir un compliment, qui, au lieu de répondre « merci » et de recevoir l'information telle qu'elle est, vont aussitôt adresser un autre compliment, ou avoir un discours mental sur le fait que cela n'est sans doute pas vrai. Cela donne une idée de la difficulté à recevoir.

Explorez ce mouvement en vous exerçant à faire autant de place à demander qu'à recevoir, et à respirer et ressentir dans ces deux mouvements. Commencez à danser votre yoga, vous laissant bercer par votre respiration, comme une vague dans l'océan.

Faites ce mouvement quelques fois puis ramenez vos deux jambes ensemble vers l'avant en prenant appui sur la jambe gauche pour ramener la jambe droite à l'arrière, les mains en prière sur le cœur.

Prenez quelques respirations pour honorer votre prière et la clore d'une manière qui soit juste pour vous.

Puis amenez dans votre cœur une ou des personnes qui vous sont chères. Cela peut être un de vos proches, une personne qui a demandé du soutien récemment ou un groupe de personnes ayant besoin d'aide, comme dans le cas d'une urgence sanitaire dans une région du monde par exemple. Le pouvoir de la prière est puissant, ne demandez rien de spécifique à moins que la personne n'ait exprimé cette demande d'aide clairement. Par exemple, si vous souhaitez prier pour une amie dont vous savez qu'elle vit une période difficile sur son lieu de travail mais n'a rien demandé, priez juste « pour qu'elle reçoive ce dont elle a besoin », « pour qu'elle soit guidée » au lieu de prier pour qu'elle change de travail. L'Univers sait ce dont elle a besoin, et ainsi, vous évitez toute interférence.

Une fois que vous avez cette personne dans votre cœur, reprenez toute la séquence avec l'autre jambe.

Amenez la jambe gauche à l'arrière, et le genou droit se plie à l'avant. Les bras font le même mouvement.

À chaque inspiration et mouvement du corps vers le ciel, vous offrez votre mouvement pour soutenir cette personne. À chaque expiration, vous faites de la place pour recevoir et l'aider à recevoir.

Encore une fois, relâchez tout discours mental, votre corps et votre mouvement sont votre prière pour cette personne. Ressentez la sensation dans votre corps de soutenir une personne chère, priez juste pour elle, pour qu'elle reçoive ce dont elle a besoin par votre mouvement. Parfois, on ne peut rien faire d'autre pour quelqu'un que de danser pour lui.

Laissez votre corps suivre son propre mouvement et son flot sans vous soucier d'un alignement parfait. Gardez votre attention vers l'intention que vous soutenez.

Terminez cette seconde partie en ramenant votre jambe arrière à l'avant, vos deux pieds joints, vos deux mains en prière sur le cœur. Prenez un instant pour clore votre yoga d'une manière qui soit juste pour vous.

Vous pouvez également développer votre propre prière avec vos mouvements de yoga préférés, ou tout autre mouvement de votre choix !

EN MUSIQUE :

- *Please Prepare Me,* Beautiful Chorus
- *Dance of the Seven Sisters,* Deya Dova
- *Om Namo Bhagavate,* Deva Premal
- *Nara,* Alt-J
- *Riverside,* Agnès Obel

Quelle a été votre relation à la prière en grandissant ?

____

____

____

____

____

Quelle est votre relation à la prière aujourd'hui ?

Comment vous sentez-vous après avoir dansé votre intention pendant quelques minutes ?

Comment vous sentez-vous après avoir dansé pour quelqu'un d'autre pendant quelques minutes ?

Cérémonie de *Despacho*

Et si notre seule prière était « merci » ?

Parmi les enseignements centraux des Q'eros, l'importance est d'être en *Ayni*, ce qui se traduit par « être en relation juste ». L'une des pratiques réparatrices pour ramener en équilibre est souvent faite par une cérémonie de gratitude, plus communément appelée *Despacho*, bien que son nom Quechua soit *Haywariquy*. Il s'agit d'offrandes cérémonieusement offertes à la Terre, renforçant la possibilité de développer des relations avec la nature qui vous accueille, aux esprits et aux principes organisateurs de l'Univers. C'est un rituel d'échange énergétique pour guérir, rétablir des relations justes et protéger.

L'un des principes est d'harmoniser notre volonté et notre énergie à désirer, avec l'énergie de donner à notre tour et de remercier pour ce que l'on a déjà. En demandant depuis un endroit où l'on se sent déjà empli de toutes les bénédictions de la vie, on s'offre la possibilité de reconnaître et honorer ce que l'on a, plutôt que d'avoir notre attention sur ce dont on estime manquer.

Les Q'eros ont maintenu et nourri cette tradition ancestrale, et choisi de la partager au monde, considérant que nous étions dans une époque où le plus grand nombre devait recevoir ces sagesses pour faire évoluer le monde dans une direction de soin. Si vous offrez cette cérémonie dans votre communauté, prenez le temps de nommer d'où vient cette tradition et de rester dans l'humilité d'une personne proposant cette cérémonie sans y avoir été formé dans la tradition originelle. La version décrite ici est une version simplifiée, partagée avec l'accord des Q'eros.

Il est courant, dans nos sociétés européennes déconnectées de nos racines et de nos rituels fondateurs, d'avoir un attrait très fort pour des traditions semblant d'une certaine façon exotiques. Alors qu'il y a une grande richesse à se laisser inspirer et modifier par des traditions indigènes de différentes parties du monde, il est également essentiel d'être vigilant à l'appropriation culturelle. Ce concept ouvre à de nombreux débats sur la possibilité ou non de pratiquer et d'utiliser des aspects d'une culture sans en être issu. Pour passer de l'appropriation culture à l'appréciation culturelle, différentes explorations sont possibles, comme le fait de nommer, d'honorer, de rester humble et de créer des systèmes de réversion (si l'on reçoit un bénéfice financier en proposant un rituel issu d'une autre culture).

Vous pouvez pratiquer cette cérémonie seul ou à plusieurs. Commencez par préparer ce dont vous aurez besoin. Pour la cérémonie, il vous faut une feuille de papier suffisamment large (on utilise en général des grandes feuilles de type A1). La feuille elle-même sera le contenant de vos offrandes et prières. Prenez soin de la choisir comme une offrande en tant que telle. Pliez la feuille en trois dans le sens de la largeur, puis en trois dans le sens de la longueur, puis dépliez-la. Cela délimite un rectangle central dans lequel vous ferez les offrandes. Placez la feuille au centre de votre rituel.

Rassemblez ensuite des offrandes qui retourneront toutes à la terre du type : sucre, aliments secs, café, thé, chocolat, bonbons, aliments typiques de l'endroit où vous vous trouvez, coquillages, fleurs, confettis, etc. Vous pouvez mettre chacune de ces offrandes dans des petits récipients, directement sur le papier ou autour. Laissez le carré central vide.

Préparez des Qintus : il s'agit de trois feuilles et deux pétales de fleurs rassemblés. Les Péruviens utilisent trois feuilles de cacao, mais vous pouvez utiliser trois petites feuilles d'un arbre de chez vous, comme des feuilles de laurier par exemple. Utilisez idéalement des feuilles tombées des arbres. Si vous n'en trouvez pas ou si vous sentez que vous devez en prendre sur les arbres, prenez le temps de leur demander si elles veulent venir avec vous pour ce rituel. Vous ressentirez leur réponse à la façon dont vous vous sentez dans votre corps. Pour les fleurs, vous pouvez utiliser par exemple des œillets rouges et blancs ou d'autres fleurs de chez vous. Traditionnellement, le rouge représente la terre et le blanc, les montagnes.

Au-dessus des trois feuilles, placez un pétale rouge pour la terre, puis un pétale blanc pour représenter la neige qui recouvre les montagnes et qui tend vers le paradis.

Si vous êtes plusieurs, préparez un Qintus par personne.

Vous pouvez amorcer la cérémonie. Commencez par ouvrir l'espace sacré.

Prenez du sucre, ou l'aliment le plus proche du sucre pour ouvrir le *Despacho*, en traçant une croix reliant les quatre directions (nord, sud, est, ouest), puis un cercle autour qui représente le cercle qui nous relie tous. Le sucre symbolise la douceur de la vie et l'amour. Ensuite, prenez une première offrande (vous pouvez prendre plusieurs effets d'un même type d'offrande ou mélanger plusieurs types). En la gardant dans la main, énoncez à voix haute ce pour quoi vous avez de la gratitude, puis soufflez votre gratitude dans l'offrande avant de la placer au centre du papier. Si vous êtes plusieurs, procédez ainsi chacun à votre tour.

Après plusieurs tours de partage ou quand il n'y a plus d'offrandes, chaque personne prend les trois feuilles de son Qintus dans lesquelles elle va silencieusement souffler toutes les gratitudes non exprimées avant de les placer à leur tour au centre de la feuille, au-dessus de toutes les autres offrandes. Il ne s'agit pas tant de les énoncer mentalement une par une, mais plutôt de souffler l'énergie de la gratitude en nous.

Prenez ensuite les deux pétales. Dans ces pétales, chacun va pouvoir souffler la prière la plus chère à son cœur. Il est ensuite courant, dans les cérémonies en Qoya, de passer les fleurs à son voisin de droite dans le cercle, de récupérer celles de son voisin de gauche et que chacun souffle pour soutenir les prières des autres personnes. On fait passer ainsi les pétales d'une personne à une autre, jusqu'à ce que chaque personne récupère ses pétales. Chacun les pose ensuite dans le *Despacho*.

Vous pouvez ensuite refermer le *Despacho* avec le pliage en trois, en vous assurant que toutes vos offrandes soient bien contenues. Vous obtenez un rectangle, que vous pouvez enrouler par un ruban, comme un paquet-cadeau, pour vous assurer qu'il tient bien.

Le *Despacho* est soit enterré (pour des résultats lents et sûrs), brûlé (pour une transformation plus rapide) ou mis à l'eau le jour même de sa préparation ou quelques jours après. Quand le *Despacho* est mis dans le feu, les participants ne regardent pas les flammes avant que les offrandes aient complètement brûlé. Cela symbolise le non-attachement au résultat et la libération de toutes les demandes.

Bien qu'il n'y ait pas vraiment de règles, vous trouverez ci-dessous une liste de suggestion d'ordre, d'objets et leurs significations. Créez votre ensemble de prières d'une manière qui ait du sens pour vous. Ce ne sont pas les ingrédients utilisés qui comptent, mais la qualité de votre présence et de votre intention d'entrer en harmonie et dans des relations authentiques en remerciant.

Vous pouvez vous munir de :

- un grand morceau de papier blanc : l'enveloppe de vos rêves, avec lesquels vous allez écrire vos prières ;
- le sucre : douceur et amour ;
- une coquille ouverte : le ventre de la Terre, notre source et notre lieu de naissance ; ce qui nous retient, nous nourrit et nous procure opportunités et sécurité ;
- le riz : fertilité et abondance pour concrétiser vos prières ;
- les lentilles : santé vibrante ;
- les fruits à coques : subsistance ;
- les haricots : protection, abondance, lieux de pouvoir et sources qui nourrissent ;
- le maïs : subsistance ;
- les raisins et fruits secs : les esprits de nos ancêtres ;
- des biscuits en forme d'animaux : les esprits des animaux qui détiennent certaines énergies pures sur la planète pour nous ;
- la réglisse noire : protection et sécurité ;
- des boules de coton : les nuages représentant le temps conscient et le temps du rêve ;
- des confettis : connexion aux étoiles.

Vous pouvez ajouter quelques douceurs comme des bonbons, dragées, pâtes de fruits, beaucoup de chocolat (il est dit que la terre mère **adore** le chocolat !), de la sauge en vrac ou un autre encens, des pétales de fleurs.

Puissent toutes vos prières être entendues avec douceur et sincérité depuis le lieu pur et innocent d'où elles émanent et pour le plus grand bien de tous.

Comment vous sentez-vous
après avoir offert vos gratitudes ?

PILIER 8 :
DE L'INTÉRÊT D'EXPLORER L'OMBRE

De la même manière qu'il existe des polarités naturelles entre la lumière et l'ombre, la clarté et l'obscurité, il existe des polarités dans le spectre de nos expériences, de nos ressentis. Certaines sensations sont décrites comme plus lumineuses, telles la joie, la clarté, la sérénité, et d'autres plus ténébreuses comme la peine, la colère, l'anxiété.

En Qoya, nous ne considérons pas que l'ombre soit mal, ou qu'il faille l'éviter. La vie est faite de différentes teintes et l'ombre en est une. Le Dr Rubin Naiman décrit de manière très juste et passionnante comment nous vivons dans une époque et une société obsédées par la lumière[25]. Nous utilisons des lumières artificielles en tous lieux dès que la lumière du jour naturelle décroît, afin de n'être que très rarement dans le noir. Nous ne suivons pas le rythme du jour ni de la nuit et avons une obsession à essayer d'allonger le jour. Cela se retrouve également dans nos comportements face à la vie. Nous sommes tellement mal à l'aise avec nos ombres et celles des autres, que nous nourrissons une obsession pour le bonheur, la légèreté et la lumière, non seu-

25. Dr Rubin Naiman, *Healing Night: The Science and Spirit of Sleeping, Dreaming, and Awakening*, 2016.

lement comme objectif à atteindre, mais aussi comme état dans lequel nous devrions perpétuellement vivre au point de culpabiliser si l'on n'y parvient pas.

Nous survalorisons les processus de création et laissons peu ou pas de place à la destruction et au deuil. Nous voudrions nier les cycles naturels et être perpétuellement dans la phase de créativité, pour passer le moins de temps possible dans ces énergies souvent plus denses et vécues comme moins agréables. Le prix à payer est de se sentir incommodé, voire effrayé par sa propre ombre.

Il n'est pas question de nier que certains aspects sont plus agréables que d'autres et qu'il est très humain et naturel d'avoir envie de s'en rapprocher. Mais poussé à l'excès, cela nous conduit vers un idéal impossible à atteindre. En se coupant de nos parts d'ombre, on se coupe de la possibilité de se sentir complet et de s'aimer tel que l'on est. L'amour inconditionnel dont on parle tant est celui de toutes les parts de notre être : reconnaître nos lumières les plus brillantes (ce qui n'est pas toujours le plus évident), embrasser nos ombres les plus douloureuses et aigres, et tous les états entre les deux. Il s'agit d'accueillir toutes les parts de nous-même comme sacrées, avec bienveillance, compassion et responsabilité.

Nous explorons et embrassons l'ombre en Qoya, principalement pour augmenter notre capacité à ressentir de manière consciente et être présent pour soi-même dans ces moments, pour éviter que notre ombre ne surgisse dans notre vie de manière inconsciente. De nombreux courants de psychologie sont fondés sur l'idée que ce que nous ne vivons pas consciemment est projeté dans nos vies inconsciemment. C'est le cas par exemple des moments où l'on ressent de la colère que l'on ne nomme ni n'assume pas, qui ressort éventuellement sous forme d'agressivité disséminée dans nos relations proches.

Alors, en dansant avec ces aspects de nous-même, on s'autorise à bouger avec ce qui est présent pour nous et on peut éventuellement commencer à relâcher une partie de la culpabilité qui peut provenir de l'idée que l'on ne devrait pas ressentir cela. Cette culpabilité est la double peine que l'on s'inflige quand la vie nous emmène dans un endroit plus sombre et vulnérable, et que l'on n'arrive pas à s'autoriser, se légitimer à ressentir ce que l'on ressent. « Je ne devrais pas me sentir comme cela, ça ne devrait pas durer si longtemps ». La danse de l'ombre et du contraste nous autorise et nous légitime dans cet aspect de notre vie émotionnelle. Il y a un soulagement à ne pas avoir à prétendre que l'on ne ressent pas d'aspects plus sombres.

Le Qoya porte cette idée que le but de l'existence n'est pas de se sentir joyeux et léger tous les jours de sa vie. Il ne peut y avoir de promesse que la vie va arrêter d'être ce qu'elle est, avec ses hauts et ses bas, ou que l'on va arrêter à tout jamais de ressentir de la peur, de l'anxiété, de la tristesse ou du désespoir. La vie va continuer à être ce qu'elle est, mais le Qoya va changer notre relation à la vie et à ses différents mouvements. Nous pouvons changer notre façon d'y résister pour danser avec.

Aussi, en faisant de la place pour ressentir toutes les parts de nous-même, nous augmentons notre capacité à soutenir que les autres ressentent également toutes les parts d'eux-mêmes sans que l'on panique ou que l'on cherche à les changer, à les soigner ou à les distraire de leur expérience. Quand je pleure, il n'y a rien de pire qu'une personne qui veuille absolument me consoler, et que je me retrouve à essayer de mettre des mots et des explications, alors que je voudrais juste pleurer. En Qoya, on s'appuie sur la confiance en chaque personne comme étant complète et capable de traverser ce qu'elle doit, capable de ressentir ce qui est présent. Le Qoya autorise, donne de la place à tout ce qui est nous, et nous fait confiance pour traverser nos expériences.

Le Qoya est donc devenu mon endroit préféré pour pleurer, parce que je peux pleurer dans un cadre bienveillant, sans que personne ne vienne couper mon processus avec une main sur l'épaule. Je peux reprendre la danse quand toutes mes larmes ont été versées, sans avoir à me justifier et sans avoir peur de m'effondrer dans mes zones d'ombre.

Il y a quelque chose de puissant à offrir notre amour sous la forme de confiance, au lieu de se ruer sur une personne explorant plus d'ombre pour chercher à changer les choses, souvent dans un but de diminuer notre propre inconfort.

C'est souvent assez difficile et on nous a appris que se soucier des autres consiste à être présent auprès d'eux et à être celui qui trouve les solutions pour qu'ils aillent mieux. En Qoya, on croit que la médecine la plus forte vient du fait que la personne elle-même trouve ses solutions pour intégrer, passer à travers et/ou vivre avec ce qu'elle doit. Notre rôle est d'être le témoin sacré de ce processus et de s'assurer qu'elle a tout l'espace dont elle a besoin pour cela. En Qoya comme dans la vie, il est essentiel d'augmenter sa capacité à faire confiance à chacun pour traverser sa vie.

Le Qoya offre la danse de l'ombre comme un cadeau et la possibilité de se sentir complet. La promesse n'est pas d'avoir une vie qui ne sera faite que de lumière, paillettes et licornes, mais de continuer à danser à travers tout ce que l'on vit et d'augmenter notre capacité à ressentir pour apprécier tout ce que cette incarnation peut nous offrir d'expériences. C'est d'augmenter notre capacité à aimer tout ce que l'on est et être là pour nous.

Quelle est votre relation à ressentir
de la peine, de la colère, de l'anxiété
ou d'autres émotions plus denses ?

Avez-vous tendance à ressentir
de la culpabilité ou de la honte
quand vous traversez une période plus complexe ?

À quoi cela ressemblerait-il de vous autoriser
à ressentir plus que ce que vous percevez
comme votre ombre ?

La danse de l'ombre et du contraste

Un exemple couramment utilisé pour introduire la danse de l'ombre est ce moment où vous nettoyez la poussière sous votre canapé après plusieurs mois durant lesquels votre vie intrépide n'a pas laissé l'occasion à votre balai d'aller si loin, et où – au milieu de moutons et d'une tonne de poussière – vous retrouvez cette boucle d'oreille précieuse que vous adorez, que vous pensiez avoir perdue des années auparavant.

Beaucoup de pépites se cachent dans notre ombre, et le fait de danser cette part de nous-même nous permet de réintégrer l'ombre comme une part normale de l'existence. Personne n'est exclu de faire l'expérience de périodes de doute, de tristesse, de deuil, de frustration, de peur. Ces sensations et ces émotions nous traversent en général tous les jours, plusieurs fois par jour, à différents degrés. En Qoya, on va danser les sensations pour les laisser faire leur chemin par elles-mêmes, sans en rappeler aux histoires. Il ne s'agit pas de raviver ses pires traumatismes, il s'agit de faire de la place aux sensations quotidiennes de frustration, de peur, d'incompréhension, de vide, de tristesse, etc. En laissant notre corps suivre la sensation sans y associer d'histoire, et en nous autorisant à danser avec la sensation comme avec un partenaire de danse, nous allons permettre au corps de trouver sa propre zone d'exploration, d'intégrer et éventuellement de trouver son propre chemin vers du soin, vers un chemin de guérison.

Pour la danse de l'ombre, l'idée est de danser cette partie avec l'opposé du thème choisi pour danser le Qoya.

Prenez un instant pour revenir à l'un des thèmes avec lesquels vous dansez dans votre vie actuellement. Par exemple, si vous dansez avec le thème de « recevoir », vous explorerez dans votre danse de l'ombre la sensation dans votre corps quand vous n'arrivez pas à recevoir. Si vous dansez avec le thème « amour de soi », vous danserez avec la sensation dans votre corps quand vous n'arrivez pas à accéder à l'amour de soi. Selon ce avec quoi vous dansez dans votre vie, prenez un instant pour ressentir dans votre corps la sensation quand vous vivez l'opposé du thème. Clarifiez cette sensation en un ou deux mots. Cette sensation sera votre partenaire de danse pour la partie à venir.

On veut éviter ici la tentation de chorégraphier et faire de la danse interprétative. Il s'agit de suivre la sensation dans votre corps et le laisser vous montrer, vous guider dans cette exploration.

Il est normal de se sentir embarrassé ou résistant à danser le contraste de l'expérience que l'on veut dans sa vie. La danse de l'ombre est comme une médecine homéopathique. En s'autorisant à explorer son ombre consciemment pendant quelques minutes, on se donne l'opportunité d'éviter de la voir apparaître inconsciemment.

Il se peut que les mouvements de votre corps soient très expansifs et presque incontrôlables. Il se peut qu'ils soient plus subtils, ou que votre corps ne bouge pas. Il se peut qu'il vous guide vers le sol.

Offrez à votre corps la permission complète d'explorer. Passez des pensées aux sensations.

À la fin de la chanson, prenez un instant pour noter comment est votre souffle et honorer votre courage à explorer cet aspect de votre expérience. Prenez un moment pour revenir à vous.

Il est vivement encouragé de danser la partie du *shaking* dans la foulée. Il y a un mariage sacré entre la danse de l'ombre et le *shaking*. Alors, commencez à secouer votre main droite en vous rendant à l'histoire de la gazelle (voir page 199).

EN MUSIQUE :

- *My Body is a Cage*, Arcade Fire
- *Drowning Shadows*, Sam Smith
- *Pour que l'amour me quitte*, Camille
- *Limit to your Love*, James Blake
- *Fear of the Water*, SYML

Reprenez le thème que vous avez déterminé.

Quelle est la sensation dans votre corps quand vous n'arrivez pas à y accéder, à le ressentir, à vivre dedans ?

Comment vous sentez-vous après avoir dansé avec votre ombre comme partenaire de danse ?

Y a-t-il un message ou quelque chose que vous avez réalisé en demandant à votre corps de danser avec le contraste du thème ?

Le rituel de deuil

Dans son livre *The Smell of Rain on Dust*26, Martin Prechtel, décrit le deuil comme « ce dont les êtres vivants font l'expérience quand ce ou ceux qu'ils aiment meurent ou disparaissent[27] ». Le deuil en tant que sensation ne s'invite pas uniquement quand on perd un être cher, mais quand on perd quoi que ce soit que l'on aime : des amis, des phases de notre vie, des idées, des lieux, etc.

Dans une société excessivement orientée vers la lumière et blâmant certains états d'être, le deuil n'a pas la cote, à tel point que l'on ne sait pas nécessairement le reconnaître ni le nommer quand on le ressent. Et éventuellement, quand on l'autorise, il est souvent difficile d'accepter sa temporalité et de l'honorer pour ce qu'il est. On voudrait que cela aille plus vite, qu'il ait une fin, qu'il ait moins de répercussions dans nos vies. On voudrait pouvoir aller à travers un deuil comme on coche les cases d'une liste. Or, le deuil a sa propre temporalité, sa propre trajectoire et n'est pas précisément pratique dans nos vies. Aussi, l'une des réactions les plus courantes quand quelqu'un semble triste, est de chercher à lui faire voir le positif. Si l'intention semble bienveillante au départ, cela vient en général plus de notre propre embarras à rester avec la peine, le deuil ou la douleur de quelqu'un, et une volonté de changer l'énergie présente.

En conséquence, cela renvoie un message perpétuel qu'il est incorrect de ressentir du deuil et/ou qu'il est trop long, laissant l'individu avec du deuil et éventuellement un éventail d'autres sensations allant de la culpabilité à la honte. L'hypervolonté de diviser les expériences

26. Martin Prechtel, *The Smell of Rain on Dust*, North Atlantic Books, 2015.

27. Traduction de l'auteure.

de la vie entre positives et négatives, et l'obsession de ne vouloir ressentir que le positif tendent à nous séparer de nous-même.

Cela est souvent tellement bien intériorisé pour beaucoup d'entre nous, que l'on finit par ne même plus s'autoriser à ressentir et se blâmer avant même que quelqu'un nous ait suggéré de regarder vers le positif.

D'un point de vue collectif, les sociétés occidentales modernes, en abandonnant les rites et les cérémonies de passage, ont enlevé l'un des espaces majeurs pour les individus et les communautés pour vivre leurs deuils. Les inhumations ont ce rôle pour le deuil des êtres. Les enterrements de vie de jeune fille ou de jeune homme sont supposés avoir cette fonction du deuil de la vie de célibat au passage de la vie en couple. Mais il reste peu de rites pratiqués au passage de l'adolescence, ou au moment de devenir parent, par exemple.

Il est très courant que des parents ressentent un deuil majeur de leur vie sans enfant, mais ressentent trop de honte pour pouvoir la laisser s'exprimer. Le deuil d'une étape n'est pas synonyme du regret de la nouvelle. On peut apprécier pleinement ce que l'on a et déplorer la perte de ce que l'on n'a plus. La pensée dichotomique que l'on devrait se sentir satisfait de ce que l'on a tend à nier une partie de nous et nous éloigne de plus d'acceptation.

Le deuil est une sensation naturelle, et tout autant que l'on ait choisi d'avoir un enfant, qu'on l'aime plus qu'on n'aurait pu l'imaginer et qu'on soit tout à fait au clair sur le fait qu'on ne changerait cela pour rien au monde, on peut ressentir le deuil de sa vie d'avant. C'est un raccourci dangereux que de percevoir le deuil et le regret comme étant liés. Il est tout à fait normal et sain de ressentir le deuil de ce que l'on n'a plus, même quand on est pleinement satisfait de ce que l'on a.

La démarche ici est un travail d'acceptation de soi, au-delà des processus de honte intériorisée.

Il subsiste une différence entre honorer et s'effondrer. L'invitation d'un rituel de deuil est de s'autoriser à ressentir et à célébrer ce qui a été, comme symbole de l'amour que l'on a/avait pour cette personne, cette phase, ce lieu, etc. Il s'agit d'accepter de ressentir comme l'une des marques d'amour et un éloge à ce que l'on a perdu, et à nous-même. Il s'agit de réclamer notre capacité à être complet tel que l'on est. Vivre notre deuil est une offrande de notre amour.

Martin Prechtel écrit : « Le deuil est un éloge à ceux que nous avons perdus. Nos propres âmes qui ont aimé et qui ont maintenant le cœur brisé se transformeraient en pierre et nous haïraient si nous ne montrions pas de tels éloges lorsque nous perdons ceux que nous aimons. [...] Ne pas faire de deuil est une violence envers le Divin et nos propres cœurs et surtout envers les morts. Si nous ne pleurons pas ce qui nous manque, nous ne louons pas ce que nous aimons. Nous ne louons pas la vie qui nous a été donnée pour pouvoir aimer. Si nous ne louons pas ceux qui nous manquent, nous sommes nous-même en quelque sorte morts. Ainsi, le chagrin et les louanges nous rendent vivants. »

Dans ce rituel, l'invitation est d'honorer ce que l'on perd ou que l'on a perdu à travers quarante jours d'offrande. C'est un rituel d'offrande, pour témoigner de notre amour de cet être, cette phase, cette façon d'être à la vie, cet ancien monde. Dans beaucoup de cultures, les rites funéraires et veillées, avant la célébration complète du départ d'un défunt, durent quarante jours. Beaucoup de pratiques énergétiques utilisent également des processus de quarante jours de soins ou d'autosoins pour ancrer des changements.

Les offrandes peuvent être des mots, des danses, des chants, des fleurs ou toute autre chose qui soit juste pour vous. Elles peuvent également varier au cours des quarante jours. Votre deuil lui-même peut évoluer au cours de cette période.

Vous pouvez également avoir un carnet réservé à cet usage dans lequel vous écrivez vos offrandes chaque jour. Ce pourrait également être une boîte dans laquelle vous mettez les notes, les fleurs, les objets que vous offrez pour célébrer et honorer ce à quoi vous êtes prêt à faire le deuil.

Au fur et à mesure des jours, vous ressentirez peut-être de la colère, de la tristesse, de la gratitude ou de nombreuses autres sensations. C'est normal et tout à fait sain de ressentir toutes ces émotions. On peut ressentir beaucoup ou peu. On peut être surpris chaque jour des sensations. Elles peuvent être identiques pendant des jours, des semaines. Ou elles peuvent alterner aussi vite qu'un enfant passe du rire aux larmes. Autorisez-vous à ressentir et à offrir ce qui est juste pour vous à chaque jour. Et autorisez-vous si cela prend autant ou aussi peu de temps qu'il est juste un jour après l'autre.

Si l'on ressent de la colère, on peut avoir envie d'offrir une danse énergique où l'on exprime ce que l'on a. Ou il pourrait s'agir de décrire ce qui va nous manquer, nos moments préférés si l'on ressent de la peine, par exemple.

Les offrandes ne sont pas liées à la beauté ou à quelque chose qui ne devrait montrer et célébrer que le beau. Les offrandes sont votre plus authentique expression. Elles ne sont vues par personne et sont un processus intime d'acceptation de tout ce que vous vivez.

Aussi, ce processus n'est pas fait pour être partagé publiquement. Si vous pouvez tout à fait en parler, évitez l'écueil d'utiliser Instagram ou les réseaux sociaux comme une manière de rendre public votre processus, qui risquerait de vous détacher de l'exploration intime et profonde. Si les réseaux sociaux sont une source incroyable d'inspiration et de partage en communauté, il est également commun de les utiliser inconsciemment pour ne pas ressentir, et pour continuer à explorer la partie de nous sociale et publique afin d'éviter de ressentir la partie intime et la relation à nous-même.

Dans ce rituel, l'important est d'être régulier, même s'il ne s'agit que de quelques minutes par jour, de quelques mots, d'une méditation ou d'une chanson pendant laquelle vous dansez. Considérez ce temps comme la façon d'offrir votre amour, vos louanges à ce qui n'est plus.

Aussi, si vous craignez de rester dans une sensation de lourdeur qui vous affecte trop, prévoyez trois minutes à la fin de votre temps pour vous secouer, idéalement en musique.

À l'issue des quarante jours, prenez un temps spécial pour clore votre rituel. Il peut s'agir de brûler le carnet dans lequel vous avez écrit et de l'offrir au feu, d'enterrer les fleurs et objets, ou d'avoir une célébration plus longue pour remercier et intégrer la période passée.

Avant de commencer ce rituel,
comment vous sentez-vous ?

Pour chaque jour,
notez un ou plusieurs mots de votre expérience.

Jour 1

Jour 2

Jour 3

Jour 4

Jour 5

Jour 6

Jour 7

Jour 8

Jour 9

Jour 10

Jour 11 ______________________________

Jour 12 ______________________________

Jour 13 ______________________________

Jour 14 ______________________________

Jour 15 ______________________________

Jour 16 ______________________________

Jour 17 ______________________________

Jour 18 ______________________________

Jour 19 ______________________________

Jour 20 ______________________________

Jour 21 ______________________________

Jour 22 ______________________________

Jour 23 ______________________________

Jour 24 ______________________________

Jour 25 ______________________________

Jour 26 ______________________________

Jour 27 ______________________________

Jour 28 ______________________________

Jour 29 ______________________________

Jour 30 ______________________________

Jour 31 ___

Jour 32 ___

Jour 33 ___

Jour 34 ___

Jour 35 ___

Jour 36 ___

Jour 37 ___

Jour 38 ___

Jour 39 ___

Jour 40 ___

Après ces quarante jours de rituel, que notez-vous ?
Comment vous sentez-vous par rapport
au sujet que vous honoriez ?
Y a-t-il des choses qui ont émergé ?

Ce rituel change-t-il votre regard sur le deuil ?

PILIER 9 : SECOUEZ-VOUS !

Explorer l'ombre, ou l'opposé du thème avec lequel on danse, est une spécificité du Qoya et le point crucial de l'arche d'une séance. C'est dans ce moment qu'existe la possibilité de créer une alchimie par le corps : s'autoriser, honorer et apprendre de nos ombres pour les intégrer à nos vies d'une manière constructive plus que comme un poids ou quelque chose à laisser sous le tapis.

L'exploration de la danse de l'ombre est indissociable de la partie suivante : le *shaking*. Rochelle dit souvent : « Il y a un mariage sacré entre l'ombre et le *shaking*. » Ce mariage sacré est celui de se rappeler le courage que cela prend d'explorer toutes les parts de soi-même et le courage d'en sortir. C'est un processus d'alchimie.

S'il existe une force dans l'honnêteté de danser avec tout ce que l'on est, le *shaking* nous invite à garder la sagesse reçue dans l'ombre et relâcher les sensations physiques qui ont pu émerger par la danse.

Il est normal de se sentir vulnérable, perdu, pesant. Il est normal de ne rien ressentir du tout et de se sentir déconnecté.

Il est aussi normal de ressentir éventuellement du pouvoir et une forme de puissance pour avoir réintégré toutes les parts de soi. La danse de l'ombre peut faire émerger des sensations très diverses. Et si l'invitation était de bouger depuis ces sensations, une façon d'intégrer et de faire l'expérience de revenir à soi par le mouvement est de se secouer : secouer chaque partie de son corps pendant une dizaine de secondes, soit au total trois à cinq minutes de *shaking*.

Au niveau physique et énergétique, secouer notre corps provoque une réinitialisation des données et relâche les tensions contenues. C'est une technique vraiment puissante. Quand nous nous secouons, nous relâchons nos articulations, muscles, tendons et ligaments, ce qui nous aide à nous sentir détendu. En nous secouant, nous stimulons nos organes et notre système lymphatique. C'est ce dernier qui est chargé de drainer et épurer tout ce qui n'est plus utile dans chacune de nos cellules, en plus de réguler le système immunitaire. Se secouer améliore aussi sa circulation.

La plupart d'entre nous stockons de nombreuses tensions dans le corps, en restant assis ou dans des positions inconfortables la plupart de notre journée, accumulant beaucoup de stress et de blocages émotionnels. Se secouer est l'une des manières les plus simples et les plus rapides pour se débarrasser de ce que l'on ne veut plus, mais aussi pour contribuer au bon fonctionnement de son corps. C'est aussi le moment où l'on peut faire l'expérience de la promesse du Qoya, l'idée que par le mouvement, on se souvient. En secouant tout son corps pendant plusieurs minutes, on a l'opportunité de ressentir la version de nous-même qui a plus de clarté, d'énergie, d'alignement.

Secouez vos résistances, secouez les lourdeurs qui ont pu apparaître lors de la danse de l'ombre, secouez-vous les mauvais jours, secouez-vous quand vous perdez l'espoir, secouez-vous après une expérience traumatisante, secouez-vous avec vos enfants pour les aider à libérer leurs émotions. Secouez-vous pour revenir à votre essence.

Le shaking

Secouez votre main droite pendant dix secondes. Secouez autant que vous le pouvez. Secouez encore pendant trois secondes supplémentaires. Mettez vos deux mains l'une en face de l'autre et prenez un instant pour ressentir.

Ressentez-vous une différence entre la main secouée et la main non secouée ? Un mot vous viendrait-il pour décrire la main secouée ?

Et un mot qui décrirait l'autre main ?
Il était une fois une gazelle dans la savane, poursuivie par un lion. Elle court aussi vite qu'elle le peut jusqu'à ce qu'elle réussisse finalement à s'échapper. Elle se retrouve seule dans une clairière, saine et sauve, mais toujours avec la sensation de peur. Elle ne peut pas appeler une amie gazelle pour lui raconter cette fois où le lion l'a poursuivie, parce que les gazelles ne font pas cela. Elle va juste secouer tout son corps, se secouer, se secouer et se secouer encore jusqu'à se libérer de toutes les sensations qui l'empêchent de reprendre sa vie de gazelle.

Tout comme la gazelle, nous avons cette habileté à utiliser le mouvement pour nous délester des sensations que nous ne voulons plus porter, avec lesquelles nous ne voulons plus avancer. Le plus difficile est de se lever et de le faire en réel. Il s'agit là d'une expérience, et s'il y a vraiment une part qui ne fait aucun sens à lire sans la pratiquer, il s'agit bien de celle-ci.

Nous avons appris souvent que plus le problème est gros, plus la solution va nécessiter du temps et de l'énergie. Nous avons parfois du mal à croire au fait que des choses simples peuvent être efficaces.

Si toutefois votre mental est trop sceptique pour s'ouvrir à cette expérience, alors prenez-la de manière scientifique : secouez-vous tous les jours durant cinq minutes et pendant vingt et un jours. Notez un mot ou deux sur la façon dont vous vous sentez avant et après.

Debout en appui sur le pied gauche, secouez la jambe droite pendant dix secondes. Secouez comme si vous vouliez laisser partir tout le poids de ce que vous ne voulez plus garder (peur, tension, anxiété, frustration). Changez de pied et secouez l'autre jambe pendant dix secondes.

Puis secouez vos deux jambes comme un footballeur prêt à se lancer sur le terrain. Après dix secondes, levez les genoux un peu plus haut.

Si vous êtes inspiré, allongez-vous sur le dos et secouez vos jambes (et vos bras !) dans les airs. Et si vous risquez de ne déranger personne, vous pouvez même crier pour libérer par la voix ce qui est prêt à partir.

Revenez sur les pieds et secouez vos hanches.

Secouez votre ventre (peu importe à quoi ce mouvement ressemble, secouez juste !).

Secouez votre poitrine et votre cœur. Secouez tout ce qui vous empêche d'accéder pleinement à votre cœur.

Secouez vos épaules et laissez toutes les inquiétudes qui persistaient pour les laisser sortir de votre corps au fur et à mesure.

Secouez vos bras et vos mains.

Puis, refaites tout cela en secouant juste quelques secondes chaque partie : jambe droite, jambe gauche, les deux jambes, hanches, ventre, cœur, épaules, bras et mains.

Et pour une dernière minute, secouez tout votre corps !

Imaginez vos ancêtres autour du feu et donnez tout ce dont vous ne voulez plus à la Terre. D'un point de vue énergétique, la Terre vient récupérer et composter les énergies denses et permet de laisser notre flux énergétique circuler.

De nombreuses études aujourd'hui montrent que le mouvement, et notamment le fait de se secouer, va libérer concrètement, efficacement et durablement le corps de certains blocages stockés parfois depuis très longtemps.

Il faut le tester pour le croire. Il faut passer ce portail, ce moment où votre corps résiste vraiment et préfère rester dans une forme de léthargie. Si l'on devait prescrire le *shaking* en ordonnance, c'est la seule chose que j'inciterais à faire quand on en a le moins envie.

EN MUSIQUE :

- *Shake It Out*, Florence + The Machine
- Shake Your Groove Thing, Peaches and Herb
- Rock this Party, Bob Sinclar
- Inni mér syngur vitleysingur, Sigur Ros
- Coco Bongo, Tom Tyger et Nico de Andrea

Comment vous sentez-vous
avant de vous secouer ?

Comment vous sentez-vous après vous être secoué
pendant quelques minutes ?

Faites l'expérience pendant toute une semaine, secouez-vous tous les jours dans un moment situé entre la fin de votre journée de votre travail et le début de votre soirée (ou tout autre moment en fonction de votre rythme).

Notez, pour chaque jour, comment vous vous êtes senti :

Jour 1 ______________________________

____

____

Jour 2 ______________________________

____

____

Jour 3 ______________________________

____

____

Jour 4 ______________________________

____

____

Jour 5 ____

____

____

Jour 6 ____

____

____

Jour 7 ____

____

____

La cérémonie du feu

Le feu est l'élément de la transformation. Il contient en lui la possibilité du changement, de brûler ce qui n'est plus et de créer, de soutenir de nouvelles alchimies.

C'est une cérémonie pratiquée par nos ancêtres très probablement partout dans le monde. Le feu ravive en nous une mémoire ancestrale. Il active instantanément la part de nous qui se souvient, qui est naturellement connectée aux éléments, les comprend et cocrée avec eux.

Le feu change la forme des choses. L'essence de vos prières va se transformer instantanément en fumée et se diriger vers le ciel, et le reste va devenir des cendres qui retournent à la terre.

Vous pouvez choisir de brûler un *Despacho* (voir page 171), si vous en avez fait un, le carnet qui contient vos quarante jours d'exploration du deuil (voir page 188). Vous pouvez aussi écrire sur une feuille dans les jours ou heures précédant le rituel, ou choisir un morceau de bois qui vous servira à infuser vos prières. Préparez une cérémonie du feu avec la volonté d'être changé, d'être transformé. Cela demande souvent du courage pour lâcher-prise.

Si vous habitez dans un environnement urbain ou n'avez pas la possibilité d'allumer un vrai feu, vous pouvez utiliser une bougie, qui fonctionnera tout aussi bien. Il s'agit de l'intention dans votre cœur, de la volonté profonde de vous mettre dans ce processus de transformation, comme le phénix qui renaît de ses cendres.

Commencez par ouvrir l'espace sacré. Dans une cérémonie du feu en Qoya, on commencera par partager la prière aux quatre directions.

Approchez-vous du feu et prenez un moment pour vous présenter. De la même façon que vous feriez connaissance si vous rencontriez une personne nouvelle, prenez un instant pour vous présenter au feu. Il n'est pas nécessaire que ce soit à voix haute, vous pouvez le faire depuis l'espace de votre cœur.

Puis prenez un moment pour ressentir vos prières contenues dans votre offrande (le *Despacho*, le carnet, la feuille, le morceau de bois, etc.). Depuis votre cœur, demandez au feu de vous aider à nettoyer et vider ce qui est nécessaire pour que vous puissiez accéder à vos prières. Demandez au feu de vous transformer en quelqu'un qui a le courage, la force, la créativité ou quoi que ce soit dont vous avez besoin pour vos pas suivants et la réalisation de vos prières.

Déposez votre offrande dans le feu. Si vous brûlez un *Despacho*, dans la tradition des Q'eros, laissez le feu dans son intimité après l'avoir déposé et tournez-vous dos à lui pendant qu'il le brûle.

Faites un geste pour exprimer au feu votre volonté de vous offrir à lui, de lui remettre votre transformation.

Prenez ensuite un moment pour écouter, regarder, recevoir du feu lui-même. Apprenez à le connaître. Et recevez la sagesse du feu et éventuellement un message pour vous. Le feu a une nature sauvage et est un danseur inné.

Enfin, honorez les ancêtres de la terre sur laquelle vous êtes en portant dans votre cœur la prière que ce feu vienne les soutenir et qu'ils puissent y trouver du soin, pour ceux qui en ont besoin.

Refermez l'espace sacré. Si vous aviez utilisé la prière aux quatre directions, refermez chacune des directions comme vous l'avez invoquée en la remerciant.

Après la cérémonie, il peut être très agréable, surtout si vous faites ce rituel à plusieurs, de rester autour du feu pour entonner des chants, se raconter des histoires jusqu'à ce que le feu s'éteigne par lui-même.

Que votre cérémonie approfondisse votre relation au feu, vous soutienne à trouver le courage de laisser ce qui doit l'être et que vos prières nourrissent les ancêtres et les terres qui en ont besoin.

PILIER 10 : BOUGER ENSEMBLE, LE CHEMIN VERS LA JOIE

Une particularité des êtres humains réside dans le fait que bouger en rythme les uns avec les autres crée une joie naturelle et une sensation de communauté. Quelque chose nous réjouit naturellement quand nous bougeons au même rythme que les autres.

La danse chorégraphiée en Qoya vient puiser dans cette énergie et dans la joie du partage. Il ne s'agit pas du partage profond où l'on se révèle en toute vulnérabilité. Il s'agit de celui où l'on est juste ensemble, pour le plaisir d'être ensemble. L'idée est de faire quelques mouvements très simples que tout le monde peut suivre, et sans impératif de réussite. Il s'agit de se rappeler que ce voyage n'est pas juste une exploration interne, mais que l'on est également tous ensemble dedans.

Il est courant de considérer l'amusement comme quelque chose réservé aux enfants, qui est rare, qui arrive seulement après avoir fini toutes ses tâches. Beaucoup d'entre nous oublions que c'est une part importante de notre développement, de notre capacité à être créatif et à nous ressourcer, et tendons à le garder facultatif.

En vivant avec l'idée que l'on est improductif quand on favorise l'amusement, que c'est une pause par rapport à « la vraie vie », on nourrit alors celle que la productivité doit être difficile et pénible, et que ce qui ne l'est pas, est un luxe. L'amusement est précisément un des moments où l'on intègre, où notre mental est suffisamment souple pour pouvoir faire entrer de nouvelles visions, et où l'on favorise des relations humaines de qualité.

Si l'on pense aux étés de notre enfance ou adolescence, majoritairement organisés autour du fait de s'amuser, il s'agissait bien souvent de moments où nous grandissions très rapidement.

En laissant le *fun* être uniquement la cerise sur le gâteau, nous perpétuons, malgré nous, l'idée d'une vie de souffrance pour aller vers la croissance, la nôtre et celle du collectif.

Souvent, je comprends que je deviens très sérieuse face à la vie et ses défis, et cela me demande une vraie discipline de nourrir la joie et l'amusement comme une part essentielle de cette vie, et un moteur pour continuer à avancer.

La danse chorégraphiée en Qoya est l'opportunité de se souvenir du pouvoir, de la joie de bouger ensemble, sans se préoccuper de devoir faire bien. Il s'agit toujours de mouvements très simples pour revenir à une énergie de groupe. Après avoir mené un voyage intérieur profond, il est temps de rouvrir les yeux et non seulement de se rendre compte que l'on était tous ensemble dans ce voyage, mais surtout que l'on peut choisir de s'amuser aussi, au milieu de toute cette aventure. En Qoya, dans la danse chorégraphiée, les pas sont volontairement simples pour redonner confiance, on est invité à les faire et les adapter comme on le sent dans son propre corps. L'énergie du groupe va porter la joie de bouger ensemble, même si tous les mouvements ne sont pas exactement alignés. Plus les pas sont simples, plus ce sera amusant et cohésif. Il ne s'agit pas de faire les pas correctement, il s'agit juste d'être ensemble et de s'amuser. Ne cherchez pas la perfection, explorez et trouvez le plus de joie dans votre corps. Et si vous proposez ces mouvements à d'autres, ne le corrigez pas, proposez-leur de vous suivre ou de faire leurs propres mouvements. La perfection est l'ennemi de l'amusement !

Quelle est votre relation à la joie,
à l'amusement, dans votre vie ?

____

____

Quels sont les derniers moments
où vous vous êtes vraiment amusé ?

____

____

Quels seraient les moyens pour vous
de remettre l'amusement au cœur de votre vie ?

____

____

La danse chorégraphiée

Idéalement, dansez une chorégraphie qui ne comporte pas plus de trois ou quatre mouvements différents et faciles. Super faciles, même.

Pour vous inspirer, il existe beaucoup d'exemples sur YouTube, regardez quelques chorégraphies sur vos chansons préférées et simplifiez-les au maximum. La répétition fait partie du *fun*. C'est dans cette idée que chacun pourra créer et mettre sa touche, où des regards pourront s'échanger.

Si vous dansez seul, il est agréable de recourir à des vidéos pour apprendre de nouveaux pas, suivre un groupe et bénéficier de l'énergie collective, tout en étant dans le confort de votre salon !

Encore une fois, la danse n'a pas à être belle visuellement, elle doit créer de la joie et de la légèreté.

En Qoya, mes chorégraphies préférées consistent à effectuer des mouvements connus sur d'autres chansons que la chanson initiale. J'adore par exemple danser la Macarena sur la chanson *La banane* de Philippe Katerine, ou encore la « danse des canards » sur *Feel Good* de Gorillaz par exemple. Vous pouvez décliner cette idée à l'infini.

Pour mener une chorégraphie en groupe de façon très ludique, vous pouvez vous positionner en cercle et chaque personne propose un pas, que tout le monde refait ensuite trois fois avec elle. Chaque personne à son tour va proposer un mouvement simple, cela ne demande absolument aucune compétence en danse et permet de partager un moment de joie tous ensemble.

Testez-le avec vos amis ou votre famille, à l'occasion !

Comment vous sentiez-vous
avant la danse chorégraphiée ?

Comment vous êtes-vous senti
pendant et après ?

« On dirait que c'est juste pour rire ! »

Une autre raison pour laquelle nous n'autorisons pas beaucoup de place à l'amusement est que nous n'avons pas appris à nous amuser seul. Nous avons souvent ancré l'idée que les moments de joie doivent absolument être partagés, et nous attendons que d'autres personnes soient disponibles, comme lors des fêtes ou des dîners.

Cependant, l'amusement est non seulement notre droit, mais aussi une énergie qui nous régénère, un fioul puissant pour continuer à marcher un pas après l'autre dans notre vie qui demande du courage.

Dans ce rituel d'écriture, nous ravivons l'enfant intérieur en nous prêtant à rêver et à jouer, juste pour nous amuser. Comme les enfants disent : « On dirait que c'est juste pour rire. »

Créez un espace sacré, prenez un moment pour vous.

Et en pensant à votre vie actuelle ou à des rêves que vous avez, notez : « Ce serait vraiment incroyable si… » et continuez la phrase.

Qu'est-ce qui vous ferait rêver ou vous amuserait au plus haut point dans ce monde ? Quelles seraient les situations les plus incroyables que vous pourriez rencontrer ?

Ne vous limitez pas à ce qui est possible ! Allez au-delà de ce qui est rationnel. Pensez comme un enfant qui décrirait une histoire « juste pour s'amuser ».

Par exemple, ne serait-il pas incroyable que votre propriétaire décide de partir vivre sur un bateau et vous donne son logement parce qu'il ne veut pas s'encombrer ? Ne serait-il pas incroyable que vous soyez repéré pour participer à un spectacle international ? Ne serait-il pas incroyable que les usagers du métro reproduisent tous les matins une danse de type Bollywood quand vous arrivez dans la station ?

Continuez à raconter l'histoire par simple envie de vous amuser, de vous faire rêver et de vous reconnecter à la part de nous sauvage, qui laisse de côté le sérieux pour se nourrir de la fantaisie.

Notez comment vous vous sentez avant de commencer, vos éventuelles résistances, vos envies.

___

___

___

___

___

Ne serait-il pas incroyable si :

___

___

___

___

___

Comment vous sentez-vous à la fin de ce rituel ?

PILIER 11 : RÉCLAMER SA LIBERTÉ

La liberté est un état d'être plus qu'une réalité matérielle externe. C'est une expérience, unique à votre chemin, vers laquelle votre âme vous emmène. Sommes-nous tous obligés de voyager de par le monde et de tout quitter ? Non, pas du tout. Votre exploration de la liberté sera unique à votre destinée et vos désirs profonds.

La liberté ne se trouve pas uniquement en prenant l'avion ou en quittant son travail. La liberté se trouve en se débarrassant des constructions mentales qui entravent notre essence. Elle se vit dans son corps, dans son mental, dans son esprit. Elle est l'un des désirs les plus forts de notre âme. Les chaînes qui sont les nôtres peuvent ne pas avoir l'air de chaînes pour d'autres. La vérité est que notre liberté n'est pas celle des autres ou celle véhiculée socialement. Vous êtes la seule personne à savoir de quoi la liberté aura l'air pour vous, un pas après l'autre, un jour après l'autre. Et plus que de savoir de quoi elle aura l'air, vous savez quelle sera la sensation de la liberté dans tout votre être. La liberté réside dans la façon dont vous vous sentez. Vous saurez que vous

vous sentez libre quand toutes vos cellules pétilleront, que votre cœur sera grand ouvert et que vous vous sentirez totalement aligné à être vous-même.

Il n'y a pas de bonne ou de mauvaise façon de vivre sa vie. Je ne crois pas à ces phrases bien pensantes qui nous invectivent de sortir de notre zone de confort et qui véhiculent, sans le vouloir, une idée culpabilisante d'une vie où l'on choisirait le confort. Parfois, ce que l'on veut profondément est de partir explorer l'Himalaya, et parfois c'est de lire un livre dans le même lit tous les soirs. La liberté n'est pas dans ce que vous faites, mais dans le moteur par lequel vous faites vos choix : est-ce que vous faites un choix depuis vos peurs et les désirs des autres ou depuis les tréfonds de votre âme, quitte à secouer tout ce que vous avez connu auparavant ?

Personne ne sait comment vivre votre vie unique mieux que vous. Et quand je dis « savoir », je ne fais pas référence aux idées du mental, mais à la sensation profonde dans votre corps de faire le choix le plus juste pour vous. Non seulement vous devez choisir votre vie, mais vous devez aussi choisir de redéfinir ce qui a été pensé pour vous, sans vous. Il s'agit de choisir pour chaque notion, une définition qui vous convienne.

Voici quelques exemples des définitions que j'ai réévaluées pour continuer mon chemin de libération interne :

Les *ressources* ne sont pas un nombre sur un compte en banque.

Est-ce que j'avais assez de ressources pour aller où je voulais dans la vie ? Après des années d'aventures guidées par la vie, je comprends aujourd'hui que les ressources sont l'ensemble des capacités que l'on a développées (gérer l'imprévu, m'en remettre à l'Univers, faire confiance, etc.) et la communauté qui nous entoure. Je vis dans les endroits les plus incroyables, et ai reçu tant d'abondance sous forme de dons et d'échanges que j'ai pu développer un autre regard sur mes ressources réelles. À l'aube d'un monde prêt à changer, nos ressources les plus précieuses ne sont clairement pas les économies que l'on a pu faire pendant des années.

Le *succès* ne se définit pas par nos *like* et nos *followers*.

Ce nombre grandissant a eu tendance à générer de plus en plus de stress pour répondre aux demandes, une quantité de travail ingérable, une fatigue intarissable et au final, une sensation d'être un imposteur : j'avais le soi-disant succès et je ne me sentais pas si bien. Il m'a fallu finalement assez peu de temps pour comprendre que ce qui m'offre de la joie sincère est de réaliser un travail bien fait, de voir des personnes prendre leur place et briller dans le monde, d'avoir des connexions nourrissantes, et de mener une vie qui corresponde à mes aspirations uniques. **On mesure son succès à la façon dont on se sent.**

Mon corps n'est pas seulement le véhicule dans lequel j'avance dans la vie.

Il n'est plus quelque chose que je regarde dans le miroir et que je valide depuis des normes fixées par le patriarcat. Il est mon plus précieux outil pour ressentir, tel un baromètre, et guider mon chemin. Il est l'endroit depuis lequel on peut faire l'expérience de son âme, qui s'exprime à travers nos ressentis. Le lieu d'où l'on ressent et perçoit la sagesse de l'Univers. Il est le berceau du plaisir. L'accès direct au chemin pour apprécier et naviguer cette incarnation telle qu'elle est. L'espace d'où l'on peut pleinement célébrer. Il est précieux et parfait. On perçoit son corps par son ressenti interne et il nous permet de faire l'expérience du monde en externe.

Mes *émotions* ne sont plus de vagues et intenses sensations encombrantes qui me pourrissent la vie et que je dois essayer de cacher le plus possible pour entrer dans la norme.

Ce sont des amies qui viennent nous informer de nos besoins et nous donnent des indications précieuses sur les limites à poser, les conversations à engager et les choix à faire.

S'aimer soi-même ne consiste pas à prendre un bain en lisant un magazine.

C'est dire « non » aux autres pour se dire « oui » à soi, quitter le travail où l'on se sent maltraité, quitter les environnements qui sont douloureux, faire face à ses plus pénibles ombres et rester compassionnel, cesser de se blâmer et être la première personne pour soi. C'est accepter de briller de sa plus grande lumière et embrasser ses réalités les plus sombres. S'aimer, c'est créer la vie que l'on rêve pour soi.

Trouver l'amour n'est plus l'idée de rencontrer un homme avec qui je passerais le restant de mes jours, les yeux pleins d'étoiles.

Trouver l'amour, c'est ressentir l'énergie la plus incroyable dans nos cellules, c'est le moteur qui anime notre être et le monde. C'est la sensation la plus intense dans notre corps quand on se sent connecté à tout ce qui est et que l'on comprend la source de la création depuis nos cellules. C'est la sensation que notre cœur s'ouvre et que notre corps est presque trop petit pour contenir autant d'énergie.

La *liberté*, c'est de choisir. Et de choisir depuis ses sensations et son expérience vécue. En Qoya, il s'agit de s'autoriser à danser dans la sensation de ce que l'on veut par anticipation. En appelant la vibration spécifique de cette énergie dans notre corps, on favorise le fait qu'il l'intègre et nous amène plus souvent à la revivre. Quand notre corps retrouve la vibration de son essence, il cherche à la maintenir le plus longtemps possible.

La danse libre est l'opportunité de profiter. De cesser d'être dans la quête et de danser dans ce que l'on a déjà : l'accès aux sensations. La danse libre est l'expérience ultime d'une session de Qoya, dans l'idée que tous les piliers précédents nous ont amené à cela, à ce moment de grâce où l'on vit et danse dans ce que l'on a souhaité pour soi. Le fait de danser et maintenir la vibration de ce que l'on veut voir venir dans notre vie est également une technique de manifestation concrète. Le Qoya n'est pas magique en soi. Le Qoya ravive la magie que sont la vie et notre capacité à la manifester par notre corps. Il va naturellement transformer et augmenter l'énergie et la vibration, là où notre mental a plus de difficulté à se projeter dans une réalité positive qui n'existe pas encore.

En dansant d'ores et déjà dans l'énergie que l'on souhaite voir venir et appeler dans notre vie, on envoie un signal clair à l'Univers de ce que l'on veut ressentir. En clarifiant ce que l'on veut, alors on fait de la place pour le recevoir pleinement. Ainsi, danser est l'une des manières de manifester ce que vous voulez faire émerger pour vous !

La danse libre

Toute l'idée de la danse libre... est de danser librement. Jusque-là, vous me suivez. Donc aucun mouvement n'est proposé, la piste de danse est à vous.

Pour certains, c'est très simple de mettre de la musique et danser spontanément, ici et maintenant dans son salon. Pour d'autres, cela peut être plus intimidant. On imagine ce que cela serait, on le sait depuis notre tête, mais les heures d'une journée s'enchaînent sans que l'on ait dansé trois minutes. Comme si de toutes les choses que l'on peut faire dans une journée, danser n'a pas vraiment suffisamment de valeur.

La danse libre va nous permettre d'exprimer nos émotions plutôt que de les réprimer et de tenter vainement de les traiter depuis notre mental (ce qui est rarement productif, de ma propre expérience).

Mettez-vous dans un espace dans lequel vous pouvez danser sans être vu ou dérangé.

Revenez au thème ou à l'un des thèmes avec lesquels vous dansez en ce moment, comme dans le second pilier. Prenons l'exemple d'un thème qui serait « Prendre sa place dans le monde ». Posez-vous la question : « Quelle est la sensation dans mon corps quand [insérer le thème] ? » Dans notre exemple, ce serait « Quelle est la sensation dans mon corps quand je prends ma place dans le monde ? »

Prenez un instant pour ressentir
et décrivez cette sensation par un ou quelques mots.
Notez-les.

Puis, choisissez une musique qui vous fait penser à cette sensation. Par exemple, si votre réponse est « puissant », ou « je me sens capable de tout faire », vous pourriez choisir *Angels by the Wing* de Sia, *On Top of the World* de Imagine Dragons, *Brave* de Sara Bareilles, ou encore *Anything is possible* de Mozella.

Allumez la musique et, comme si personne ne vous regardait (c'est sans doute le cas), comme si personne ne vous avait jamais dit comment danser, comme si c'était le seul moyen avec lequel vous puissiez exprimer ce que vous souhaitez exprimer, dansez la sensation que vous avez nommée. Dansez aussi grand ou aussi petit que votre corps en a envie. Laissez-le vous guider. Abandonnez-vous dans la danse et dans la sensation.

Ressentez pour un moment la sensation dans votre corps alors que vous avez dansé librement.

Notez comment vous vous sentez
après quelques minutes de danse libre.

L'oracle de la lecture aléatoire

L'oracle de la lecture aléatoire, appelé *shuffle oracle* en anglais, fait partie de mes pratiques préférées et quasi quotidiennes. On n'a pas toujours un oracle sur soi, mais on a très souvent notre téléphone qui contient de la musique enregistrée. Il s'agit donc d'utiliser les chansons comme des cartes d'oracle, et le mouvement de votre danse comme le texte dans le petit livret qui accompagne habituellement le jeu.

Créez un espace sacré. Vous pouvez simplement prendre une grande respiration pour vous recentrer.

Clarifiez votre intention ou votre question pour l'oracle.

Déterminez si vous voulez une, deux ou trois chansons. J'adore demander trois chansons : passé, présent, futur. Et appuyez sur « lecture aléatoire ».

Faites confiance, c'est la chanson parfaite comme réponse à votre question. Il ne s'agit pas juste d'écouter les chansons, mais de danser dessus, librement, et laisser votre corps vous guider. Ne cherchez pas les réponses, contentez-vous de danser. Des réponses ou des clarifications peuvent arriver par le mouvement, les paroles de la chanson ou d'autres synchronicités. Il se peut aussi que la clarté n'arrive que plus tard.

À la fin de votre danse, remerciez et refermez l'espace sacré.

Quelle était votre question pour l'oracle ?

Quelles chansons sont arrivées
dans l'oracle de la lecture aléatoire ?

Avez-vous reçu un message en particulier ?

PILIER 12 : LA COMMUNAUTÉ QUI SOIGNE

Une communauté peut être définie comme un ensemble de personnes unies par des liens d'intérêts, des habitudes ou des valeurs. Elle diffère d'un groupe d'appartenance dans la fluidité de ces règles. Il n'y a pas d'obligation imposée par le groupe, mais un investissement offert par chacun. Et il y a un respect de chacun, de ce qu'il peut apporter, de la distance à laquelle il se trouve de la communauté.

Chacun désire très fortement faire partie de quelque chose de plus grand, de contribuer en se sentant part d'un tout. Cela vient satisfaire nos besoins d'être soutenu et de soutenir, notre désir d'appartenance. Une communauté saine soutient également nos besoins d'être vu, accepté et honoré tel que l'on est, et nous soutient à continuer à offrir la meilleure version de nous dans le monde.

Toko-pa Turner[28] écrit : « Le mot *communauté* est souvent utilisé pour décrire un mélange de personnes qui ont été réunies par la géographie et le milieu. Mais il existe une autre version de ce mot qui évoque l'image d'une vie en

---

28. Toko-pa Turner, *Belonging, Remembering Ourselves Home*, Her Own Room Press, traduction de l'auteure, 2017.

communion intime avec les autres dans un but d'unité. Un hameau de terre vibrant où nous et nos proches de cœurs résidons ensemble – mais pas trop près – partageant nos compétences et divisant nos récoltes. Nous rions et faisons des bébés, nous réparons nos toits et nous nous réunissons autour du feu avec de la musique pour écouter nos aînés raconter des histoires. Nous aspirons à cette vie de village, dans laquelle chacun a un rôle à jouer et où tous nos besoins sont satisfaits. »

Dans nos vies actuelles, plus urbaines, plus mobiles et plus digitales, la communauté prend d'autres formes. Elle peut être locale ou plus internationale, mais elle est toujours rassemblée par des valeurs communes et une envie de partage. Il ne s'agit plus nécessairement de se rassembler physiquement autour du feu, mais dans un moment de visioconférence, ou de prévoir des moments privilégiés ensemble. La communauté se transforme, mais le besoin individuel et collectif d'être ensemble, de partager les compétences, de célébrer, de se soutenir demeure. Le monde de demain est sans nul doute un monde où la communauté reprendra tout son sens.

Mais la communauté n'est pas l'endroit où tous s'aiment d'un amour naïf et spontané. La communauté est l'endroit où l'on apprécie les autres pour ce qu'ils sont, et où l'on apprend ou réapprend le vivre-ensemble. C'est l'endroit où l'on prend suffisamment soin de soi-même pour rencontrer l'autre pleinement là où il est. C'est l'endroit où l'amour s'offre sous forme de respect et de considération.

Nous tisserons bien sûr des liens plus forts avec des personnes plutôt qu'avec d'autres. La communauté est différente de l'amitié.

Pour Toko-pa Turner « [...] la sensation d'appartenance est un processus dynamique, qui exige des périodes alternées de rassemblement et de solitude pour rester viable. [...] Nous entrons dans le grand secret où l'appartenance est vraiment un savoir-faire, un ensemble de compétences que nous devons mettre en pratique si nous voulons répondre à l'appel d'un cœur endolori et d'un monde fracturé. »

Pour beaucoup d'entre nous, et dans les générations précédentes, souvent poussés à nous isoler et à nous réunir autour de la cellule familiale, la sensation d'appartenance peut être un endroit de grande blessure. Il est courant d'avoir vécu des expériences de communautés qui nous ont rejeté, où nous demandant de nier des parties de nous-même pour continuer à faire partie du clan. Notre désir d'appartenance est si fort que nous pouvons avoir été poussé vers des fausses sensations d'appartenance. Tout ce qui a été blessé en relation ne peut cependant être soigné qu'en relation. S'il est sain de s'éloigner d'une communauté et de prendre de la distance pour retrouver sa vérité, nous sommes par essence des êtres de relation. Pour soigner réellement les parts blessées de nous, nous devons retrouver le courage de revenir en relation. La communauté a un grand pouvoir soignant quand on trouve sa place juste dedans et qu'elle nous permet de jouer notre part unique dans le monde. Elle nous permet d'être continuellement inspiré par d'autres et de prendre notre place pour être cette inspiration à notre tour. Une communauté qui nous rencontre là où l'on est, va nourrir un grand sentiment de sécurité. Elle va répondre à notre besoin d'être vu, entendu, que des individus soient témoins de notre croissance, de nos avancées. Elle va nous permettre de jouer ce rôle pour d'autres.

Cela nous demande un certain nombre de valeurs et compétences telles que :

- des valeurs partagées, comme la vision du quotidien ou à long terme, des projets communs, des façons d'être à la vie qui s'alignent ;

- la confiance et l'ouverture. La création de liens ne peut se faire qu'en laissant de la place pour être touché et modifié, pour s'ouvrir à d'autres individus avec d'autres visions ;
- le discernement de la bonne distance dans les relations. Il ne s'agit pas de faire tout ensemble, il s'agit de trouver les endroits où il est aidant et réconfortant de se connecter, et de s'assurer que chacun a également l'espace dont il a besoin ;
- l'engagement. Il existe une temporalité inhérente à la confiance et au fait de développer des liens qui soignent. Cela implique que l'on s'engage dans le temps auprès de notre communauté ;
- la réciprocité dans le « donner » et « recevoir ». En donnant plus que l'on ne reçoit, on risque inévitablement de nourrir du ressentiment. Parallèlement, en ne laissant pas de place pour pleinement recevoir ce que la communauté nous offre, nous ne nous donnons pas la possibilité d'être pleinement touché et nourri par les relations ;
- la gratitude, parce qu'elle permet de voir ce que l'on reçoit et de le partager, et offre la possibilité aux autres participants de se sentir vus et reçus ;
- des temps de célébration et de rituels pour renforcer les liens, en créant une routine qui ancre et donne un rythme ;
- l'engagement à communiquer. Il n'est pas inné de vivre en communauté et d'y trouver sa place juste, cela demande des ajustements réguliers. Pour cela, chaque participant doit s'engager à clarifier ses besoins et à les communiquer, et ne doit pas assumer que les autres peuvent les deviner.

Votre communauté peut être composée de personnes qui ne se connaissent pas entre elles. Une communauté est différente d'un groupe. Les individus faisant partie de la communauté, ne sont pas nécessairement en présence les uns des autres, ni n'ont obligatoirement des contacts entre eux.

Votre communauté peut être faite de votre famille, vos amis, vos collègues, les personnes avec qui vous faites du théâtre, du sport ou tout autre temps de partage. Votre communauté peut aussi être constituée des personnes pour lesquelles vous travaillez. Il s'agit des personnes auprès desquelles vous avez une influence et qui sont inspirantes pour vous ; des personnes auprès desquelles et avec lesquelles vous avez envie de construire votre vie et le monde de demain.

La communauté de Qoya est l'ensemble des femmes et hommes qui aiment le Qoya, qu'ils viennent danser régulièrement ou non, qu'ils soient peu ou très actifs dans le développement du Qoya, que ce soit une petite ou une grosse part de leur vie. La communauté de Qoya porte en son sein un certain nombre de valeurs telles que la bienveillance, la révérence, la volonté de contribuer à un monde où l'on cocrée avec la nature, où l'on honore le sacré. Les personnes composant la communauté ont en commun de vivre ou de tendre vers ces valeurs.

Quelles sont les communautés
dans lesquelles vous faites partie dans votre vie ?

Quelle est la sensation dans votre corps
quand vous vous sentez faire partie
de ces communautés ?

De quelle manière ces communautés
vous inspirent-elles à continuer
à être la meilleure version de vous-même ?

De quelle manière
inspirez-vous ces communautés ?

Avez-vous des résistances à faire partie
d'une communauté ?

Avez-vous eu des expériences de rejet
ou qui vous ont blessé dans des communautés,
par le passé ?

Le partage en communauté

En Qoya, on nourrit la communauté par la pratique de partages authentiques et en offrant un espace à chacun pour être vu, entendu et reçu quand il est au plus près de son essence. Cela propose un cadre sécurisant pour explorer une forme de partage intime de soi.

Dans une séance de Qoya, après la danse libre, il vous est donné l'opportunité de vous mettre avec un partenaire pour partager ce qui a émergé durant la session pour vous. Ce partage est l'occasion d'ancrer ce que l'on a vécu et de l'offrir à quelqu'un. Notre parole, spécifiquement quand se sent connecté à soi et à sa vérité, peut être une source d'inspiration profonde. La joie est importante quand on est le témoin de la vérité d'une personne, de ses libérations, de ce qu'elle a retrouvé d'elle-même.

Ainsi, lorsqu'une personne partage avec un partenaire, l'autre personne est invitée à ne pas apporter de commentaire et à être un témoin sacré du partage qui est fait. Pour la personne qui partage, cela donne l'occasion de faire l'expérience d'un endroit sécurisant où personne ne lui donne de conseils non sollicités, ne fait de commentaires sur son chemin ou ne ramène l'histoire à soi en comparant à une expérience similaire de sa vie. Cela offre de la confiance dans la relation et la possibilité, pour la personne qui partage, de se sentir complète telle qu'elle est et totalement reçue.

Pour la personne qui reçoit, cela donne l'occasion de pratiquer une écoute bienveillante et offrir sa présence. Il est fréquent, dans ce type de partage, d'être déjà en train de penser à ce que l'on va dire quand ce sera son tour, ou d'avoir appris qu'être présent signifiait de commenter sur ce que quelqu'un partage. En Qoya, on rappelle souvent de partager depuis son cœur au moment où l'on partage, et de faire l'expérience d'offrir sa présence totale à la personne qui parle quand on reçoit. Nous recevons sans avoir à offrir de réponse.

C'est un honneur de recevoir la parole authentique d'une personne, et pour garder cette parole comme précieuse, nous devons apprendre à la recevoir. Il s'agit de mettre notre ego de côté pour un moment, la part de nous qui veut faire un commentaire, donner des conseils, des réponses et à la place, offrir humblement notre présence. Cela permet également de développer la confiance que notre présence est suffisante dans notre relation, que nous n'avons pas besoin d'avoir de réponse à donner pour être apprécié.

L'une des consignes donnée est de simplement dire « merci » à la fin du partage.

Dans le cadre de votre pratique du Qoya, vous pouvez vous adonner à ce type de partage si vous dansez avec quelqu'un. Vous pouvez, par exemple, envoyer un message à un ou une amie proche pour lui dire ce que vous avez expérimenté en dansant.

Si vous ne souhaitez pas partager avec quelqu'un, prenez le temps d'écrire à propos de ce que vous avez compris en dansant, de la sagesse que votre corps vous a remémorée.

Avez-vous des espaces dans votre vie
où vous pouvez partager en toute sécurité
et vous sentir pleinement reçu ?

Quelles sont les façons dont vous avez appris
à montrer à quelqu'un que vous êtes présent
et que vous l'avez écouté attentivement ?

Notez-vous une tendance à vouloir commenter, partager à votre tour, donner des conseils ?

Si vous avez fait l'expérience du type de partage décrit plus haut, comment vous êtes-vous senti dans votre corps quand vous partagiez ? Quand vous étiez le témoin sacré ?

Le rituel du cercle d'appréciation

Ce rituel est inspiré d'un rituel du Qoya et d'une pratique de la formation de maître Reiki.

Invitez quelques-uns de vos amis ou prévoyez un moment en famille. Assurez-vous que chacun est disponible pour toute la durée de votre rencontre.

Créez un espace sacré. Prévoyez des assises confortables (fauteuils et coussins) en cercle, ainsi que des plaids, des boissons et des douceurs à grignoter ensemble à la fin du rituel. Prévoyez également une pierre ou un cristal par personne.

Durant ce rituel, chaque personne aura l'opportunité de partager son appréciation pour chacune des autres personnes, ainsi que de recevoir l'appréciation de chacun.

Déterminez de combien de temps chaque personne disposera par moment de partage. Si vous êtes quatre personnes, il est conseillé de prévoir cinq minutes par partage et par personne. Plus vous êtes nombreux, plus vous diminuez le temps de partage et demanderez aux personnes qui partagent d'aller au cœur de ce qu'elles veulent exprimer. Il est également conseillé d'utiliser une alarme sur votre téléphone. Cela permet de maintenir le flot des partages et de garder la même qualité d'attention du début à la fin.

Déterminez la personne qui reçoit en premier. Elle va exercer sa capacité à recevoir, sans faire de commentaires. La personne à sa droite va prendre une pierre ou un cristal et commencer à partager toutes les raisons pour lesquelles elle apprécie la personne qui reçoit, jusqu'à ce que l'alarme sonne. À la fin, elle souffle cette énergie dans la pierre et la passe à la personne à sa droite. De la même façon, celle-ci offre les raisons pour lesquelles elle apprécie la personne qui reçoit, les souffle dans la pierre à la fin du temps prévu et la passe à la personne de droite. Chaque personne va partager et ainsi de suite jusqu'à la dernière personne, qui, après avoir soufflé dans la pierre, la remet à celle qui reçoit.

La personne qui reçoit ne fait pas de commentaires pendant le cercle.

Prenez un instant de silence pour intégrer ce premier cercle. Ensuite, la première personne qui avait partagé devient celle qui reçoit, et la personne à sa droite commence. Continuez jusqu'à ce que chaque personne du cercle ait reçu.

À la fin du rituel, prenez un moment plus informel pour manger quelque chose ensemble et ancrer ce moment qui amène souvent beaucoup d'émotions, puis remerciez l'espace sacré.

Notez comment vous vous êtes senti
durant ce rituel, si et comment il a changé votre
relation ou perception des personnes dans le cercle.

Comment vous êtes-vous senti
à exprimer votre appréciation ?

Comment vous êtes-vous senti
en recevant l'appréciation d'autres personnes ?

PILIER 13 :
LE BADGE D'HONNEUR DE LA FATIGUE

Se reposer implique de ressentir. Et ressentir, c'est un *package*. On ne peut pas choisir de ne ressentir que certaines sensations. Quand on ressent, on s'ouvre à la vérité qui vit en nous. Cela inclut de ressentir toutes les choses que l'on a évité de ressentir à chaque fois où l'on s'est raconté que l'on se reposerait « juste après ».

La raison pour laquelle on ne se repose pas n'est pas juste parce que l'on n'a pas le temps. Il est souvent plus facile de maintenir un rythme où l'on ne ressent pas les deuils non faits, les vides existentiels, les peines à être humain, les petites et grandes frustrations et toutes les manières dont notre anxiété se manifeste.

Physiquement, il est également habituel de commencer à ressentir des douleurs au moment où l'on se repose. Elles n'avaient jamais disparu, elles étaient en *stand-by* pendant que l'on était dans l'action, attendant leur moment pour être traitées. Mais, aujourd'hui, l'une des difficultés est de ne jamais les traiter, de ne jamais leur faire de la place et d'abuser de la capacité de son corps à différer pour, en fait, ne jamais s'occuper de sa propre maintenance. Cela est vrai au niveau physique, émotionnel, mental ou spirituel. Et nombre d'entre nous avons fait l'expérience douloureuse de tant attendre que le corps, l'esprit ou l'âme reprennent finalement leurs droits d'une manière qui semble violente, sous forme de maladie, *burn-out* ou dépression.

Pour beaucoup d'entre nous, se reposer demande de faire le deuil de toutes les choses que l'on ne fera pas. D'affronter le fait de dire « non ». De ne pas en faire plus. De ne pas être la personne qu'on imagine que l'on devrait être, qui est sur tous les fronts à la fois : travail, famille, couple, engagement pour des causes, temps pour soi, etc. Se reposer est beaucoup plus complexe qu'il n'y paraît. Et le repos nous oblige à faire face à toutes les choses mises au fond du tiroir qui nous attendaient plus ou moins patiemment. Toutes les réflexions que l'on gardait pour plus tard.

Se reposer a l'air d'être ce qu'il est de plus facile à faire, mais c'est sans doute l'un des plus grands défis, puisqu'il s'agit de ne pas faire. Beaucoup d'entre nous utilisons l'action comme moyen d'éviter de ressentir des sensations telles que l'anxiété, la colère, la frustration, la vacuité.

Notre système est orienté à outrance vers l'action, comme étant créatrice et productrice, et le fait de ne pas faire est très vite dévalorisé. Il est courant d'avoir grandi avec des messages autour du repos tels que : « On se reposera quand on sera mort. », « Le repos, c'est quand on est malade. », « C'est de la paresse. », « On se repose en vacances. » Tous ces messages contribuent à caractériser le repos comme une faiblesse, comme quelque chose de secondaire.

L'une des conséquences d'une culture survalorisant l'action est de normaliser et glorifier l'épuisement. Il est très commun, dans certains milieux professionnels, d'entendre des conversations entre collègues pour savoir lequel a fini le plus tard, avec une forme de gloire. Ce badge d'honneur de la fatigue se veut être témoin de notre engagement, de notre force, de notre capacité à pousser au-delà de nos limites. Il y a quelque chose à prouver. Notre valeur devient liée à une sorte de capacité à ne pas être vraiment humain, à ne plus avoir de corps humain présentant des besoins normaux, ou en tout cas à être capable de les dompter.

Être fatigué est la norme. Autour d'une table ronde de dix personnes, si l'on demande aux personnes comment elles se sentent, la moitié répondra « fatigué ». Cet état est normalisé au point de ressentir de la honte à ne pas être fatigué, comme si c'était l'aveu de ne pas en avoir fait suffisamment.

Combien de personnes connaissez-vous sont bien reposées et le restent ?

D'une manière qui dépasse tout à fait le bon sens, les besoins fondamentaux tels que se nourrir correctement et se reposer sont devenus des luxes au lieu d'être la base. Notre conception du repos est souvent portée par l'extrême. On se repose parce que l'on est déjà fatigué. On ne se repose pas pour éviter d'être fatigué.

Je suis toujours très inspirée par tous ces félins, comme les jaguars, qui dorment et se prélassent la plupart du temps pour pouvoir être parfaitement réactifs quand quelque chose arrive. Ils remplissent le curseur pour créer un trop-plein qu'ils peuvent utiliser sans risque. Alors que nous, nous vidons et épuisons nos ressources jusqu'à la moelle. Puis, quand il n'y a vraiment plus rien à en tirer, parce que l'on n'a plus de choix, on va finalement se reposer. Beaucoup de personnes déplorent même que l'on ait besoin de sommeil !

Il existe une histoire populaire de formation de Yoga sur l'importance de la relaxation à la fin de la classe : « Imaginez que vous alliez au marché fermier le matin pour choisir les produits biologiques les plus frais. Vous passez ensuite toute la journée à préparer un festin, à trancher et à couper, à chauffer et à refroidir, à essayer de nouvelles recettes. À la fin d'une journée complète, lorsque tout est terminé, au lieu de vous asseoir à la table et d'en profiter, vous jetez tout à la poubelle. Cela n'aurait aucun sens, tout comme passer tout ce temps à connecter votre mental, votre corps et votre âme dans la même expérience et ne pas vous reposer à la fin. Ça ne fait pas de sens ! »

Il y a un engagement fort à se reposer. C'est celui de choisir de construire un monde depuis un endroit où l'on a ses pleines capacités, où l'on refuse d'être en tension constante et où l'on se donne les moyens d'agir dans notre pleine puissance. Audre Lorde écrit[29] : « Prendre soin de moi n'est pas de la complaisance, c'est de l'auto-préservation, et c'est un acte de combat politique. » Pour démanteler le patriarcat dans nos sociétés, il faut le traquer en interne, dans la façon dont il s'est infusé en nous et le transformer par la façon dont on vit nos vies, pas uniquement par nos discours. Pour se diriger vers une société basée sur plus d'harmonie et d'égalité, il faut réhabiliter les notions de soin et de rythme naturel.

29. Audre Lorde, *A burst of Light: and other essay*, Women's Press, 1992.

Où en êtes-vous dans votre relation au repos aujourd'hui ? Vous sentez-vous bien reposé ? Quels sont les moments où vous vous reposez ?

Est-ce que vous souhaiteriez vous reposer plus ? Qu'est-ce qui vous en empêche ?

Quels messages autour du repos avez-vous reçus en grandissant ?

Quelle est la relation de vos parents au repos ?

Qu'est-ce que vous avez peur de ne pas faire/
ne pas être si vous vous reposez plus ?

À quoi devriez-vous dire « non »
pour dire « oui » à une vie reposée ?

Les étirements et la relaxation finale

En Qoya, les étirements et la relaxation finale sont offerts comme une transmission essentielle pour intégrer tout le voyage vécu et pour explorer le mouvement autrement. Les étirements sont guidés dans l'énergie de la relaxation, pour inviter le corps et l'esprit à se réconcilier avec l'idée de s'étirer dans notre vie en se reposant, plutôt qu'en essayant d'en faire plus et de forcer.

Imaginez faire croître votre *business* par le repos, en suivant juste le mouvement impulsé naturellement sans y mettre d'efforts ? Imaginez que vous continuiez à grandir dans votre vie sans en faire plus ?

Laissez-vous guider pour en faire l'expérience dans votre corps. Vous pouvez suivre l'étirement que je propose ou réaliser vos étirements habituels ou préférés, ou ceux que votre corps demande exactement maintenant. Il s'agit de faire des étirements en conscience, en utilisant votre souffle pour vous guider et l'énergie de la relaxation, au lieu de l'énergie de la tension et la force. Le but n'est pas de vous rendre plus souple que vous ne l'êtes, mais d'étirer les parts de votre corps qui sont éventuellement en tension. Si vous avez fait un cours de Qoya complet, il s'agit également de ramener un peu plus de structure dans votre corps et proposer une redescente énergétique après autant de mouvements libres.

Si vous n'avez pas d'étirement préféré, allongez-vous sur le dos et prenez quelques instants pour sentir votre respiration et offrir votre poids à la Terre. Ressentez les énergies plus denses de votre corps descendre dans la Terre, et laissez votre corps revenir à un état de neutralité à chaque expiration.

Vous pouvez faire chacun des mouvements suivants et rester dans la position pendant quelques respirations. L'idéal est de suivre les besoins de votre corps.

Amenez votre genou droit vers votre épaule droite et passez vos bras autour de votre genou ou mollet. Depuis cette position, au lieu de tirer et appuyer sur votre jambe pour créer l'étirement, laissez le poids de votre corps et le flux de votre respiration guider votre étirement.

Pendant l'étirement, accompagné de votre respiration, relâchez toutes les parties de votre corps qui ne sont pas engagées dans le mouvement. Nous avons souvent une tendance à crisper ou tendre notre dos, notre nuque, nos mâchoires. Prenez un instant pour vous assurer de relâcher.

Si vous en avez envie, vous pouvez tendre votre jambe et amener votre pied vers le ciel. Avec vos mains, vous pouvez attraper l'arrière de la cuisse ou du mollet. Trouvez l'endroit où l'étirement n'est ni douloureux, ni inutile. Ramenez votre attention sur votre respiration, et laissez-la être de plus en plus profonde. Faites de longues inspirations, longues expirations.

Imaginez que votre souffle soit comme une vague dans l'océan. De nouveau, assurez-vous que toutes les parts de votre corps qui ne sont pas engagées dans l'étirement sont relâchées : bas du dos, colonne vertébrale, épaules, mâchoire, visage.

Puis, vous pouvez replier votre pied gauche au sol près des fessiers et amener votre cheville droite sur votre genou gauche. Depuis cette position, vous pouvez passer votre main droite entre vos deux jambes et votre main gauche autour de votre cuisse gauche pour les entrelacer derrière la cuisse gauche (cela a l'air compliqué une fois décrit, mais quand vous l'avez, c'est plutôt confortable !).

De nouveau, respirez profondément dans l'étirement et pendant que vos bras et le poids de votre corps créent l'étirement, laissez votre respiration venir masser l'intérieur de votre corps. Imaginez que chaque inspiration et expiration viennent masser vos organes. Envoyez votre respiration dans les endroits de votre corps où vous sentez une tension.

Sur une grande inspiration, amenez votre cuisse gauche un peu plus près de votre buste et sur l'expiration, relâchez la position pour garder vos deux jambes pliées sur votre buste, comme si vous vous faisiez un câlin à vous-même. Explorez l'étirement de votre colonne vertébrale dans cette position, oscillez éventuellement de gauche à droite.

Quand vous vous sentez prêt, relâchez la jambe droite vers le sol et gardez le genou gauche vers votre épaule gauche pour refaire toute la séquence avec la jambe gauche. Restez en contact avec votre respiration et continuez à offrir le poids de votre corps au sol.

À la fin de la séquence, quand vos jambes sont repliées sur le torse, vous pouvez continuer avec un peu plus d'étirements de la colonne vertébrale. Gardez votre dos au sol et laissez vos deux jambes repliées aller du côté droit. Pendant ce temps, votre regard va du côté gauche alors que la colonne reste centrée. Prenez un instant pour respirer et relâchez toutes les tensions dans cette position. Amenez votre souffle dans chaque partie de votre corps, et spécifiquement là où vous sentez des tensions.

Quand vous en avez envie, ramenez votre regard et vos jambes centrées, prenez quelques respirations, et changez de côté. Vos jambes pliées vont du côté gauche, la colonne vertébrale reste au sol, et votre regard va du côté droit.

Revenez au centre et prenez un moment pour écouter votre corps et lui offrir tous les étirements complémentaires dont il a besoin ou envie, en suivant votre souffle, et en laissant le poids de votre corps guider l'étirement.

Une fois les étirements terminés, installez-vous confortablement sur le dos et relaxez-vous complètement pendant au moins cinq minutes (idéalement vingt minutes si vous le pouvez !). Prenez tout ce dont vous avez besoin pour être vraiment à l'aise : un plaid ou une couverture, un bandeau pour les yeux, etc.

Le mouvement est en fait... un non-mouvement, puisqu'il s'agit de ne rien faire. Tout le pouvoir du repos consiste à être régulier. Souvent la partie du repos est celle que l'on a tendance à raccourcir ou à éliminer de notre emploi du temps si l'on a beaucoup de choses à faire. Il faudrait faire à peu près l'opposé pour un fonctionnement optimal et pour avancer depuis un endroit où l'on se sent libre, léger et puissant, au lieu d'être constamment sur ses dernières réserves. Vous n'avez plus qu'à fermer les yeux, et vous laissez porter. Autant que possible, ne cherchez pas à intégrer d'une manière analytique, en réfléchissant et mentalisant. Il est évidemment d'un grand intérêt de clarifier et utiliser notre mental pour explorer plus en amont certains concepts. Une part bien plus grande de l'intégration vient du fait de ne rien faire, de la laisser se faire par elle-même.

J'adore faire du vélo depuis toujours. Je suis toujours fascinée et admiratrice de ce moment en descente où je me rends compte que je n'ai pas besoin de pédaler, voire que le vélo descend plus vite si je ne fais rien et que je peux me contenter de profiter du paysage.

Le vélo porte cette métaphore de l'équilibre des énergies du féminin et du masculin. Il faut pédaler pour faire avancer le vélo, puis l'énergie créée se nourrit par elle-même. À certains moments, il faut pédaler plus, et cela semble plus difficile, comme en montée. Et à l'inverse, en descente, cela n'a absolument aucune utilité de continuer à pédaler, cela peut même s'avérer contre productif.

Tout comme à vélo, la manière la plus rapide d'avancer est parfois de ne rien faire.

EN MUSIQUE :

- Goldmund
- Josh Brill
- Julianna Barwick
- Claudie Mackula
- Manose

Comment vous sentez-vous
après avoir étiré votre corps en vous relaxant ?

____

____

____

____

Imaginez une vie où vous continueriez à grandir
et à avancer en vous relaxant, sans forcer.
À quoi ressemblerait-elle pour vous ?

Comment vous sentez-vous
quand vous vous allongez pendant vingt minutes ?

Quelles sensations
sont présentes dans votre corps ?

Vingt et un jours pour se reposer

Que se passerait-il si vous étiez plus reposé dans votre vie ? Que pourriez-vous faire de plus ?

Une expérience proposée initialement par Karen Brody, dans son programme *Daring to Rest* (Oser se reposer) est de faire du Yoga Nidra, aussi appelé repos du yogi, pendant vingt et un jours.

Vingt et un jours est le temps décrit dans de nombreuses traditions, par exemple dans celle du Reiki, pour ancrer de nouvelles habitudes, pour créer un changement énergétique dans le corps. Pour de nombreuses personnes souffrant d'hypervigilance et ne réussissant pas à se reposer pleinement, il s'agit – comme un muscle –, de réentraîner son système nerveux à trouver le chemin du repos et du lâcher-prise. En commençant par des pratiques régulières, même courtes, on recrée des connexions et un chemin dans notre système pour atteindre l'état de repos plus facilement.

Le Yoga Nidra est un Yoga allongé durant lequel on suit la voix de la personne qui nous guide, afin d'accéder à plus de repos et à différents états de conscience. Outre un accès à une plus grande relaxation, ces états sont aussi ceux où l'on retrouve la conscience de notre unité avec tout ce qui est, qui permet de relâcher les contractions de notre ego.

Vous pourrez trouver différents Yoga Nidra sur Internet[30] ou enregistrer la pratique suivante appelée « la rotation des soixante et un points », qui dure environ cinq minutes.

---

30. Vous pouvez également trouver un Yoga Nidra guidé par mes soins dans chacun des modules du bûcher, dont le minimodule gratuit : www.le-bucher.com

Lisez et enregistrez (ou encore mieux, demandez à quelqu'un que vous aimez de lire) cette relaxation guidée de quelques minutes sur votre téléphone pour y avoir accès tous les jours pendant vingt et un jours. Laissez des pauses de trois secondes sans parole à chaque fois que l'on passe à la ligne.

« Installez-vous confortablement.

Prenez trois grandes inspirations et expirations pour laisser votre corps arriver (laissez environ vingt secondes de silence).

Notez les bruits au loin. Notez les bruits les plus proches de vous. Ramenez votre attention jusqu'aux bruits de votre propre corps. Écoutez.

Amenez votre attention dans l'espace entre les sourcils. Reposez-vous ici pour un instant.

Vous allez déplacer votre attention sur différentes parties du corps en suivant ma voix. À chaque fois qu'une partie du corps est nommée, vous pouvez imaginer relâcher les tensions contenues, comme une valve qui s'ouvrirait.

Depuis l'espace entre les sourcils, déplacez votre attention au creux de la gorge,

l'épaule droite,

le coude droit,

le poignet,

le pouce,

l'index,

le majeur,

l'annulaire,

l'auriculaire,

le poignet,

le coude,

l'épaule droite,

l'épaule gauche,

le coude,

le poignet,

le pouce,

l'index,

le majeur,

l'annulaire,

l'auriculaire,

le poignet,

le coude,

l'épaule gauche,

le centre de la poitrine,

le téton droit,

le centre de la poitrine,

le téton gauche,

le centre de la poitrine,

le plexus solaire,

l'os du pubis,

la hanche droite,

le genou droit,

la cheville,

le gros orteil,

le deuxième orteil,

le troisième,

le quatrième,

le cinquième,

la cheville,

le genou

la hanche droite,

la hanche gauche,

le genou gauche,

la cheville,

le gros orteil,

le deuxième orteil,

le troisième,

le quatrième,

le cinquième,

la cheville,

le genou,

la hanche gauche,

le plexus solaire,

le creux de la gorge,

l'espace entre les sourcils.

Reposez-vous dans l'espace entre les sourcils (laissez quinze secondes de silence).

Prenez une grande respiration et à votre rythme, commencez à remettre du mouvement dans les différentes parties de votre corps.

Quand vous êtes prêt, ouvrez les yeux. »

Choisissez le moment de la journée le plus opportun pour vous. Installez-vous confortablement, idéalement dans une position allongée, mais cela peut être dans votre voiture en attendant vos enfants pendant leurs activités, par exemple. Trouvez la façon dont vous pouvez incorporer ce rituel de repos dans vos vies.

Il n'y a rien d'autre à faire que recevoir.

Pour chaque jour,
notez un mot avant et un mot après la séance :

Jour 1 ______________________________

Jour 2 ______________________________

Jour 3 ______________________________

Jour 4 ______________________________

Jour 5 ______________________________

Jour 6 ______________________________

Jour 7 ______________________________

Jour 8 ______________________________

Jour 9 ______________________________

Jour 10 ______________________________

Jour 11 ______________________________

Jour 12 ______________________________

Jour 13 ______________________________

Jour 14 ______________________________

Jour 15 ______________________________

Jour 16 ______________________________

Jour 17 ______________________________

Jour 18 ______________________________

Jour 19 ____

Jour 20 ____

Jour 21 ____

Comment vous sentez-vous
après vingt et un jours de pratique
de repos quotidienne ?

____

____

____

____

____

____

CONCLUSION

Dans de nombreuses sociétés chamaniques, si vous vous adressez à un médecin en vous plaignant d'être découragé, déprimé ou en dépression, il vous posera l'une des quatre questions suivantes : « Quand avez-vous cessé de danser ? Quand avez-vous cessé de chanter ? Quand avez-vous cessé d'être enchanté par des histoires ? Quand avez-vous cessé d'être réconforté par le doux territoire du silence ? » partage Angeles Arrien.[31]

Beaucoup de ces choses reléguées comme secondaires sont en fait indispensables à notre bon fonctionnement individuel, mais aussi collectif. Il existe une puissance indispensable que l'on peut recontacter par la danse, le chant, les histoires, le repos. La réclamation de notre pouvoir ne peut passer que par la reconnexion à notre corps, à nos racines, à la nature.

Le Qoya n'est pas juste une pratique de bien-être individuelle. C'est une pratique de changement social, de réappropriation, de réclamation de notre nature sage, sauvage et libre en tant qu'individu et en tant que groupe. Un changement profond et durable ne peut démarrer qu'à travers soi. On ne peut guider un nouveau chemin qu'en faisant l'expérience profonde et quotidienne des médecines dans lesquelles on croit, qu'en vivant dans les réalités dans lesquelles on croit. Le Qoya est une pratique qui invite à incarner ce que l'on dit avant même de le dire, à vivre notre vérité dans nos corps et dans nos vies comme la manière la plus profonde de diffuser nos messages.

J'ai écrit ce livre en le dansant, durant des retraites de Qoya, après avoir marché dans des labyrinthes, fait des dizaines de pèlerinages, avoir pratiqué le Yoga Nidra, avoir allumé

---

31. Angeles Arrien, *The Four-Fold Way: Walking the Paths of the Warrior, Teacher, Healer, and Visionary*, Harper One, 1993.

des bougies, pioché des cartes et demandé depuis l'espace le plus sincère de mon cœur de trouver les mots qui doivent être écrits pour devenir ceux qui vont être lus. J'ai écrit un livre sur le Qoya en vivant le Qoya, avec l'espoir que sa transmission arrive à vous avec la magie qui est la sienne. Le Qoya fait partie d'une conscience collective qui œuvre à la vision d'un monde plus juste, en redonnant leur pouvoir aux femmes, entre autres, et par conséquent, en les soutenant à créer des modèles dans leurs propres communautés, dans leurs familles, etc.

C'est une philosophie de vie concrète, une manière de vivre dans une nouvelle réalité, une façon de penser, danser, respirer, ressentir et agir dans ce monde depuis plus de révérence. Et c'est ce dont ce monde a désespérément besoin à l'aube des changements majeurs dans lesquels nous sommes embarqués : une vision forte, durable et reliant ce que nous sommes aujourd'hui à ce que nous voulons devenir, nos sensations et explorations individuelles, le mouvement collectif et des moyens concrets d'y arriver. Est-ce que ce sera facile ? Sans doute pas. « La vie, ce n'est pas attendre que l'orage passe, c'est apprendre à danser sous la pluie[32]. » Le Qoya nous permet d'apprendre à danser sous la pluie, celle de nos vies au jour le jour et sous la tempête qui gronde à travers le monde. Le Qoya nous permet de regarder la vérité en face et continuer à porter une vision, un pas après l'autre.

« Soyez le changement que vous voulez voir dans le monde[33]. » L'une des façons les plus efficaces et durables de changer les choses est d'inspirer en vivant dans ce que nous prônons : en tant qu'enseignant, la majeure par-

32. Sénèque.

33. Mahatma Gandhi.

tie de ce que l'on transmet a lieu dans la façon dont on incarne ce que l'on dit, dans la façon dont on vit nos vies. Et cela est aussi vrai pour les enseignements et inspirations du quotidien pour nos enfants, nos proches, les personnes qui nous côtoient. Qui l'on est et ce que l'on fait ont un impact bien plus important que tout ce que l'on dit ou publie sur les réseaux sociaux.

Le Qoya invite à se reconnecter à soi, à sa communauté, à la Terre et à la vie. Il invite non seulement à clarifier sa vision, mais surtout à vivre dans la réalité que l'on souhaite créer. De l'incarner dans le réel et de l'infuser dans chacune de nos actions, chacune de nos paroles, chacun de nos souffles. Il s'agit de vivre une vie en révérence à ce qui est.

On danse le Qoya parce que cela nous fait du bien, mais surtout, on danse pour continuer à avancer, parce qu'on ne peut pas ne pas danser.

Les femmes du Qoya accompagnent aussi un changement de paradigme en disant que oui, on a le droit au plaisir, et que non, la souffrance n'est pas gage de plus de légitimité. Il est temps de changer notre relation au travail pour la faire devenir notre dévotion, ce que l'on offre depuis notre âme, et non une torture infligée du lundi au vendredi jusqu'à notre retraite.

De nombreuses femmes du Qoya, parfois devenues professeures, portent des combats de société majeurs au quotidien. Le Qoya n'est pas que leur bulle de décompression. Il leur permet d'intégrer ce qu'elles vivent, en continuant à danser avec les réalités parfois les plus crues, en se sentant soutenues par une communauté, et en se connectant continuellement à la conscience collective pour continuer à agir depuis cet endroit.

Je pense à Daisy, qui accompagne des migrants victimes de tortures demandant l'exil ; Laura, qui accompagne la communauté LGBT ; Lindsay, qui accompagne les familles victimes de deuils dévastateurs ; Amber, portant les combats antiracistes ; Magali, biographe hospitalière pour les personnes en fin de vie ; Frédérique, institutrice engagée pour de nouvelles formes d'éducation.

Elles sont des visionnaires et trouvent le courage de continuer à avancer dans ce chemin en étant parfois pionnières : Virginia, qui utilise l'astrologie pour le changement social ; Mairi-Jane, qui enseigne l'économie dans les plus prestigieuses universités américaines en infusant des pratiques rituelles ou Alvie qui enseigne le Qoya auprès des natifs en Nouvelle-Zélande et transmet l'importance de la relation aux ancêtres et à la terre aux femmes du Qoya.

Le Qoya est une carte de route pour revenir à notre être, et en ce sens, tout le monde peut en faire. Absolument. Peu importe l'âge ou la condition physique. La seule règle est qu'il est impossible de se tromper et que la façon de s'assurer que l'on fait bien du Qoya, est de se sentir bien.

Après des années à travailler auprès de personnes en grande précarité, et majoritairement en souffrance psychique, mon cœur se languit que cette pratique arrive jusqu'à elles. La déconnexion au corps est tellement significative quand les problèmes du quotidien sont des problèmes de survie. Cela est d'autant plus vrai dans les cas de pathologies psychiques dont la dissociation au corps physique est l'une des caractéristiques récurrentes.

C'est une forme d'activisme profond que de s'engager depuis son corps, de changer les fondations de nos sociétés occidentales actuelles au point de remettre en cause nos sacro-saintes pensées et le culte d'un mental hyperprésent. C'est révolutionnaire, visionnaire, vulnérable et courageux.

Chaque personne a sa part unique de création. J'ai été la première personne à traduire le Qoya dans une autre langue que l'anglais. J'ai hâte de voir et soutenir toutes les premières personnes qui développeront le Qoya pour les populations et communautés auprès desquelles ils et elles sont appelés. Le Qoya est aujourd'hui en pleine expansion, suivant la créativité et l'appel de chacun. C'est un honneur de faire partie de cette aventure.

Que ce livre puisse vous soutenir à faire confiance aux sensations dans votre corps comme une boussole pour vivre la vie à laquelle vous aspirez, que vous puissiez continuer à inspirer les communautés chères à votre cœur en brillant de toute votre lumière et que le monde soit toujours un plus bel endroit grâce à vous.

REMERCIEMENTS

Aux Qoyas, aux Q'eros, et à tous ceux qui ont transmis et transmettent les traditions dans lesquelles le Qoya est né, ainsi qu'une partie des rituels qui sont humblement présentés dans ce livre. Avec la prière que vous et les terres sur lesquelles vous vivez soyez nourris et que vous receviez à votre tour de ce travail.

À Rochelle, Beyond-see, toutes les femmes du Qoya et toutes celles et tous ceux qui sont venus danser avec moi, une ou cent fois. Merci de me rappeler continuellement que le Qoya nous ramène sans faille à nous-même et à nous tous. Et merci pour le fun incroyable!

À ma communauté de Burning Man, vous m'aidez à maintenir la vision que tout est possible, que l'amour est bien plus grand que ce que je pensais et que je ne suis pas seule. Je suis honorée d'être dans votre vie et inspirée par chacun de vous.

À tous ceux qui m'ont hébergée durant ces dernières années de nomadisme et d'écriture de ce livre. Je peux offrir ce travail grâce à vous, vous n'avez cessé de l'améliorer en m'aidant à soigner, panser, croire, observer et apprendre à vos côtés, un jour après l'autre.

À mon âme, mon corps, mon cœur et mon mental, pour être une équipe incroyable, toujours prête à dire « oui » à l'aventure et m'offrir la chance de vivre cette vie.

Et à celui que j'attends impatiemment. C'est vrai, si tu étais arrivé plus tôt, je n'aurais peut-être pas fait tout cela.

Écrivez ici vos propres rituels, les musiques sur lesquelles vous aimez danser et vos plus belles expériences.